# 九型人格销售经

苍 洱◎著

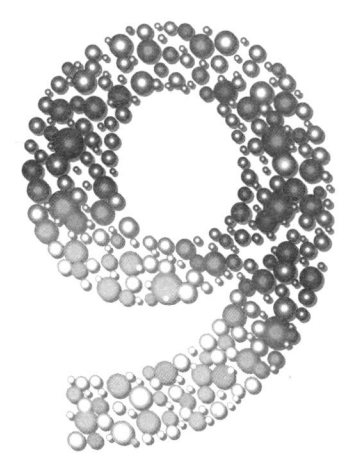

华文出版社
SINO-CULTURE PRESS

图书在版编目（CIP）数据

九型人格销售经 / 苍洱著. -- 北京：华文出版社，2019.7

ISBN 978-7-5075-4890-7

Ⅰ.①九… Ⅱ.①苍… Ⅲ.①销售－商业心理学－通俗读物 Ⅳ.①F713.55-49

中国版本图书馆CIP数据核字（2018）第062118号

## 九型人格销售经
JIUXING RENGE XIAOSHOU JING

| | |
|---|---|
| 著　　者： | 苍　洱 |
| 出版策划： | 兴盛乐 |
| 责任编辑： | 胡慧华 |
| 出版发行： | 华文出版社 |
| 社　　址： | 北京市西城区广外大街305号8区2号楼 |
| 邮政编码： | 100055 |
| 网　　址： | http://www.hwcbs.com.cn |
| 电　　话： | 总 编 室 010-58336239　　发 行 部 010-58336267　58336238 |
| | 责任编辑 010-58336195 |
| 经　　销： | 新华书店 |
| 印　　刷： | 保定市西城胶印有限公司 |
| 开　　本： | 880×1280　1/32 |
| 印　　张： | 7 |
| 字　　数： | 120千字 |
| 版　　次： | 2019年7月第1版 |
| 印　　次： | 2019年7月第1次印刷 |
| 书　　号： | ISBN 978-7-5075-4890-7 |
| 定　　价： | 32.00元 |

版权所有　侵权必究

# 一学就会的销售心理学

九型人格（Enneagram），又名性格型态学、九种性格，是一套实用且精准的学问。九型人格通过性格类型的觉察，揭示人们内在最深层的价值观和注意力焦点，让你在最短时间内看到对方的思维模式、情绪模式以及行为模式的规律，让你更加了解对方、接纳对方，提升人际沟通效率，建立更真挚、和谐的合作关系。

销售成功的秘诀在于知心。销售就是和人打交道，正所谓"知己知彼，百战不殆"，要想成为一名优秀的销售员，就要善于洞察客户的内心，了解对方的心态、性格，站在对方的角度考虑问题。然而，人是千差万别的，不同的人有着不同的心理需要，有着不同的性格特点。但是万变不离其宗，九型人格正是掌握了人的心理的这个"宗"。

九型人格将人分为九种类型，分别是1号完美型、2号给予型、3号实干型、4号感觉型、5号观察型、6号怀疑型、7号娱乐型、8号领袖型、9号和平型。当我们掌握了各种性格类型的技巧后，通过与客户的沟通与交流，便能尽快了解客户的性格类型。当我们确认客户是某某型性格后，就能比较清晰地洞悉到客户的心智模式、思维模式和行为模式。这时，我们就能对客户的思想和行为产生一定的预测与推断，即这种类型的客户通常会喜欢什么、看重什么、厌恶什么，以及在哪种情况下会引发他们的情绪反应。弄明白这些后，我们便可在比较短的时间内，总结出一套与这类客户的相处之道，建立较为牢靠的信任关系与合作关系。

比如1号完美型的客户，他们的内在价值观是凡事要做对，做好，做到完美；他们是典型的判断性思维，非黑即白，对错分明；具有讲究原则、关注细节、理性、认真、守规则等特征。

如果我们有一个客户是1号类型，我们就要学会认同他的价值观，配合他的做事风格，加强我们的严谨性和认真程度，同时增加我们对细节的关注。因为在与1号类型客户交往的过程中，一个微小的纰漏都有可能导致合作的失败，对此我们必须做到心中有数，最好发展出来一套相应的营销策略。

九型人格是一门了解人的学问，作为营销人员，如果深入钻研，将九型人格学好、学透，就能准确地判断客户类型、把握客户性格，有的放矢地开展业务，顺利签单。本书在介绍"九型人格学"的基础上，结合实际销售，选择精准案例分别介绍了应对不同性格客户的销售方法。书中详细剖析了九型人格各自的性格特征、表达习惯和日常表现，以及内心阐述等，并多方面、多层次地提供了攻破不同性格客户的具体策略和方法。整本书结构清晰，语言通俗易懂，是销售人员必备的宝典型销售工具。

本书在编写过程中参考了多种新作，得到了出版社和业内朋友的大力支持，在此先行致谢。

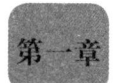 **第一章　不懂九型人格，销售就要跑断腿**

九角星图，你不知道的人格分类 / 003

系统揭秘客户的性格密码 / 006

两翼性格帮你透过客户的表现看内心 / 012

成功营销从心理开始 / 013

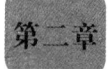 **第二章　1号完美型客户：世界总是不完美的**

快速识别完美型客户 / 017

跟完美型客户谈感情是下策 / 023

交流要懂得"迂回"战术 / 025

尽可能完美地展现产品 / 027

排除异议，说服完美型客户 / 029

九型人格销售经

## 第三章　2号给予型客户：满足别人的感觉好极了

快速识别给予型客户 / 035

给予型客户最吃赞美这一套 / 040

向给予型客户表达他的重要性 / 043

站在客户的立场想问题和说话 / 046

对给予型客户不妨煽情一点 / 048

自曝弱点，换取同情心 / 050

## 第四章　3号实干型客户：任何事都可以达成

快速识别实干型客户 / 055

用肢体语言表达出肯定 / 061

用共同的目标导引实干型客户 / 064

用品牌魅力打动实干型客户 / 067

告诉他大家都在用 / 069

刺激实干型客户的好胜心 / 072

## 第五章　4号感觉型客户：最终极的理想主义者

快速识别感觉型客户 / 077

用塑造独特感觉法应对感觉型客户 / 083

品牌联想，塑造产品认知 / 086

主动帮感觉型客户做决定 / 088

让客户产生同理心 / 091

| 目录 |

## 第六章　5号观察型客户：始终需要独立的空间

快速识别观察型客户 / 097

自然地接近观察型客户 / 103

一定要尊重观察型客户的隐私 / 106

给他们单独做决定的时间 / 108

向观察型客户多做请教 / 111

用专业知识打动观察型客户 / 114

## 第七章　6号怀疑型客户：生活在十面埋伏中

快速识别怀疑型客户 / 121

权威对怀疑型客户还是管用的 / 127

态度诚信，用事实说话 / 130

对怀疑型客户说话不能太绝对 / 133

拿数据打动怀疑型客户 / 135

自曝其短让怀疑型客户放心 / 139

## 第八章　7号娱乐型客户：一切开心就好

快速识别娱乐型客户 / 145

唤醒娱乐型客户的好奇心 / 150

制造快乐的购物氛围 / 154

网络"秒杀"，刺激销售 / 157

用分享肯定法应对娱乐型客户 / 159

让娱乐型客户有更多挑选机会 / 163

## 第九章　8号领袖型客户：我是老大跟我来

快速识别领袖型客户 / 167

让领袖型客户自己做主 / 173

领袖型客户喜欢"硬气"的对手 / 177

以柔克刚，让领袖型埋单 / 179

说话爽利，客户会更信任你 / 182

尽量把产品与权利、控制联系起来 / 184

## 第十章　9号和平型客户：喜欢平静、和谐的生活

快速识别和平型客户 / 189

和平型客户需要你的引导 / 195

对和平型客户更要表示尊重 / 198

操之过急，是应对和平型客户的大忌 / 202

抓住和平型客户的从众心理 / 204

有意识地帮客户做减法 / 206

## 后　记 / 210

第一章

# 不懂九型人格,销售就要跑断腿

九型人格本是千百年来口头传授的一种远古智能，自 1993 年被斯坦福大学商学院进一步挖掘后，如今已风行欧美学术界及工商界。

销售人员通过九型人格将客户进行有效分类，深入探讨每种类型客户各自的优势和弱势，分析其在购买商品与谈判中的"心理弱点"，从而有的放矢，提高成交率，卖出更多的产品。

## 九角星图，你不知道的人格分类

千百年来，九型人格都是采用口述的方式作为个人成长的指导原则而被传授下来的，一直以来，没有人能准确地描述出九型人格的起源和历史，只知道它是一种神秘的远古智能。在古代，它的应用领域已经十分广泛。在公元三、四世纪时，基督教神秘主义中"沙漠之父"的传统，已开始利用九型人格所命名的人格特质，来倡导趋善避恶的观念。

美国人古尔捷耶夫——一位具有神秘色彩和灵性的教师，阐释了人格的九种特质，并首先将其介绍给世人。而真正将这套学说发扬光大的，是艾瑞卡学院的创办人奥斯卡·伊察索，他自称1950年在阿富汗旅行时，从苏菲教派那里习得这种学说。伊察索将人类的九种情欲融进九型学说中，并以之为心理学的训练教材。1970年，继智利的艾瑞卡学院成立后，美国的艾瑞卡学院亦随之成立。自此之后,围绕九型人格的一系列工作开始逐渐在美国各地流行起来。

现今,有关九型人格的书籍已经如雨后春笋般出现在世界各个图书文化市场。1993年,斯坦福大学商学院更开办了"人格、自我认知与领导"的课程,企图发掘、推广九型人格在经商领域的潜能,可见九型人格确实在创富、成功学上拥有无穷的威力。

现在,我们大概了解了九型人格发展的历史,让我们进一步了解一下它的构成。了解九型人格构成的最快捷方法就是从九角星图入手。如图1-1所示,九角星图是由一个圆和圆内的九个点以及连接这九个点的线构成,它是一个古老而富有深意的图形,而不是任意的设计。

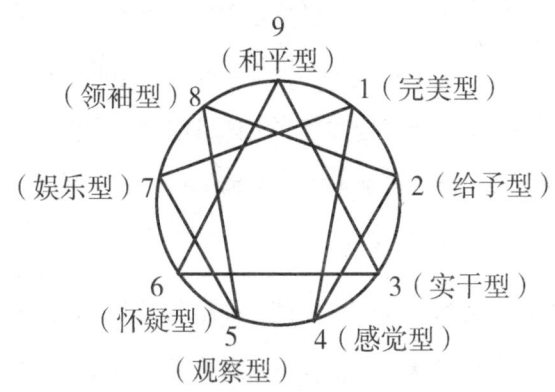

图1-1 九角星图

神秘的九角星图揭示了"三元法"(图中等边三角形)和"七元法"之间的神秘关系。"三元法"代表任何事件在起初阶段所具有的三股强大的力量。"七元法"也称"八音律",它象征了世界上万物发展所必须经历的不同阶段。九型人格结构图则把这两种法则完美地融合到了一起。

九型人格结构图中的等边三角形代表"三元法"。这个三角形所表达的意义是事物发生时三股力量同时发力的必然作用，而不是表面上的两股力量——原因和影响。这三股力量是不能为人类感知的隐形力量。在印度教中，这三股力量分别是三大主神的代表，这三大主神分别是"创造之神"梵天、"保护之神"毗瑟挐、"生殖和毁灭之神"湿婆。这三股力量分别被称为创造力、破坏力和保护力。

在万物生长的不同阶段，这三股力量会以不同的象征出现，例如，在事物发展的最初阶段，随着时间的推移，协调力可能会在下一个发展阶段转变成主动力。

在我们了解完九型人格的象征意义之后，我们会发现，原来九角星图实际上是一个永恒运动的模型，它暗示着事物发展过程中需要什么。例如，在什么时候，事物需要加入哪一股力量来维系其发展。

从数学角度来考虑这个问题，九角星图中把3—6—9号三个尖角所构成的中心三角形看成是最初状态下三股力量的三位一体，其原始总量是1。用算数的方法把这个"1"，即力量统一体，分成相等的三份，得到一个无限循环数，即 $1 \div 3 = 0.333333\cdots\cdots$

"七元法"的法则在事物刚刚出现的时候就开始发挥作用。"七元法"来源于音乐中的八度音阶，所以，它又称"八音律"。

七个基本音阶就是Do、Re、Mi、Fa、So、La、Si，其分别代表了现实世界中事物发展的不同阶段。七元和统一的关系就是1÷7=0.142857142857……

整个九型人格被分成了九份，"三元法"和"七元法"就被这个圆融合在了一起，并通过圆形内部的连接线条相互作用。

当九角星图被用来阐释人的性格的时候，它中心的三角形就代表了三种性格特质，即3号性格代表情感中心、6号性格代表思维中心和9号性格代表行动中心。接下来，让我们来了解一下这九种性格类型。

## 系统揭秘客户的性格密码

九型人格论把人的性格分为九种，九种性格类型分别隶属于三大中心的其中一个，每一中心都各有三种性格。这三个中心，分别是情感中心、思维中心和行动中心，有些人会以身体的三个部分——心、脑、腹来比喻这三个中心的能量和动力根源。

### （一）情感中心的三种类型

不同中心依靠不同的动力来源对世界产生不同的反应。情感中心类型的人遇事时的直接反应源于情绪、感觉和感情。例如，无论是值得高兴的事还是让人伤心痛苦的事，他们首要的真切反应，总是打从心底里来的：悲哀时感到心痛得像被刀割了一样，快乐时又特别容易感受到自己喜悦的心跳。他们的感情非常细腻又非常浓烈，常常渴望了解别人，同时也希望被别人了解；他们最关心的是人和人之间心灵上的紧密关系，因而变得十分在乎别人对自己的评价。对于爱，他们永不嫌多。在三大中心里，他们是对"人"和"情"最感兴趣的一群人。

情感中心有以下三种基本类型。

**第一种类型：给予型**

这种类型的人在时间、精力和事物三方面都表现出主动、乐于助人、普遍乐观以及慷慨大方的特质，他们以此希望获得他人的好感和认同，希望成为他人不可缺少的一部分，从中获得被爱和被欣赏的感觉。因为他们不容易承认自己的需要，也难以开口向别人寻求帮助，所以总是无意识地通过人际关系来满足自己的需要，而且在自己最为人所需的时候感到最快乐。他们具有一种很强的控制力，能够在不同的朋友面前展示不同的自我，因而他们具有很强的吸引力，引人注目。所以，他们是天生的照顾者和支持者。为了使别人成功、生活美满，给予型的人能运用他们天生的同情心，给出对方真正需要的事物。

**第二种类型：实干型**

这种类型的人是天生的工作狂，他们精力充沛，乐于接受竞争，追求成就感。为了成功，他们会不惜一切代价，全力以赴去争取。他们希望通过自己的行动和成就来获得他人的尊重和爱戴。他们看上去要比真实的我更加出色。他们总是把自己想象成胜利者,并以为拥有相当的社会地位。他们注重外表,精于打扮,他们还会是成功的父母、配偶、商人、玩伴、嬉皮士、治疗师等各种人物。总之,他们能够顺应身边的人们而随时变换自己的形象。但是,他们常常分不清真正的自我和工作中的角色。

**第三种类型:感觉型**

这种类型的人具有内向、忧伤、敏感的性格,具有艺术气质。他们常常被各种不切实际的幻想所吸引。他们忠于自己的感受,一些受气的事或有违内心的事他们是坚决不会去做的。他们因受情绪性经验的影响,表现出与众不同的一面,无论在任何领域,他们的生命都反映出对重要性和意义的追求。虽然很容易陷入自己的情绪,他们却能表现出最高度的同情心,宁愿自己受苦,也要帮助他人。感觉型的人热衷于美的事物和充满激情的生活,并且有很丰富的想象力和极强的创造力。

**(二)思维中心的三种类型**

情感中心类型的人一辈子都是凭感觉生活,而思维中心类型的人则永远依靠思想做事情。在遇到事情时,他们常常会习惯性地用大脑去分析、了解、归纳,显得比较理性和深思熟虑。他们拥有高超的想象力、联想力和分析力,是三大中心里对"理"最感兴趣的一群人,但是这类人的行动力则相对较弱。

思维中心也可细分为以下三种基本类型。

**第一种类型：观察型**

这种类型的人总是带着距离去看待生活和生命，在情感上与他人保持一定的距离。他们非常注重对自己隐私的保护，喜欢观察，不愿意参与，以避免自己被牵扯到别人的生活里，也不愿意被任何感情束缚。他们喜欢把责任和义务分清楚。他们通常是某个专门领域的研究者，具有对知识和资讯的热爱。虽然他们不喜欢预定的例行公事，却希望事先知道在工作与休闲时他们被期望的是什么。他们会是杰出的决策者和具有创意的知识分子。

**第二型：怀疑型**

这种类型的人虽然可能觉察不到恐惧源于哪里，但却常常因为怀疑、害怕而感到疲惫。他们会用怀疑的目光看待一切，预想最糟的结果。因为怀疑，所以采取行动时常常犹豫不决。他们反对独裁，愿意自我牺牲。某些怀疑型的人具有退缩且保护自己免于威胁的倾向，而某些怀疑型的人又会先发制人，迎上前去克服它，而表现出极大的攻击性。一旦他们愿意信任时，他们会是忠诚而遵守承诺的朋友和团队伙伴。

**第三型：娱乐型**

这种类型的人乐观、精力旺盛、迷人，他们痛恨被束缚或控制，喜欢尽可能保留许多愉快的选择。他们对任何事情都是一知半解，喜欢冒险、美食和美酒。他们是乐天派，喜欢前呼后拥的感觉，做事情却又总是半途而废。在不愉快的情况下，他们会从心理上逃脱到愉快的幻想中。娱乐型是未来导向者，他们会制定涵盖每件想要完成的事情的内在计划，而且当新的选择出现时，他们还会适时更新内容。那份想保持生命愉悦的需要，引导他们重新架构现实世界，以排除有损自我形象的负面情绪和潜在的打击。他们享受新的经验、新的人群和新的点子，是富有创意的电脑网络工作者、综合家及理论家。

### （三）行动中心的三种类型

与情感和思维中心类型不同，行动中心类型的人是最脚踏实地、最在乎生存问题的人，他们从来不喜欢空想。他们最关心那些实实在在摸得着、吃得到、捉得住的东西，他们的聪明才智主要来自生活中真实的经验积累和生活的磨练。他们虽然语不惊人，却常常因其实效性而令人折服。属于这一中心的人不需要反复思量、深究内心感受，便能够产生直接明快的行动，是天生的问题解决专家。所以在三大中心里，他们可以说是对"事"最感兴趣，也最有办法的一群人。

行动中心也有三种基本类型。

**第一种类型：领袖型**

这种类型的人独断专行，有时具有很强的攻击性，同时也具有很强的保护能力。他们敢于伸张正义，敢于对抗不公平的事，他们常常是他人的保护伞。他们常常控制不住自己而在公开场合大发脾气。他们能敏感地觉察到权力的所在，能够顺利地不让自己受到他人的控制，而且具有支配力。他们能事先察觉到谁是最有价值的，并且鼎力支持那个人。

**第二种类型：和平型**

这种类型的人是和平的使者。他们善于倾听每个人的想法，但是却不知道自己所想、所要的是什么，因而他们自身充满矛盾。他们愿意放弃自己的观点，接受他人的想法；对于他人的需求十分敏感；他们喜欢和谐而舒适的生活，为人比较亲切，不会直接发脾气或制造麻烦，为了避免冲突，他们甚至因此而愿意配合他人，听从他人的安排。但是，如果被人施压，他们会变得非常固执，有时甚至会大发脾气。他们总是喜欢把本应该优先去做的事情拖到最后一分钟。他们还具有自我麻醉的倾向，常常打乱做事情的顺序，然后优先去做居于次要地位的活动，例如看书、和朋友闲逛或者看电视等。

**第三种类型：完美型**

这种类型的人认真尽责，追求完美，希望所做的每件事都绝对正确。因而对任何事情的一点瑕疵都会耿耿于怀，并且因此会批判自己或他人。他们很难为了自己而感到轻松快乐，因为他们总是以超高标准来审查自己的行为，而且老是觉得做得还不够。他们有可能因为害怕无法臻于完美而耽搁了事情。完美型有种道德优越感，厌恶那些不守规矩的人，特别是当这些人越矩得逞时。他们是优秀的组织人才，能够紧追错误和必须完成的事项，把任务完成。

## 两翼性格帮你透过客户的表现看内心

我们把九角星中的3—6—9号角所代表的性格称为核心性格,而位于这三个核心角两侧的邻角,被称为核心角的两翼,两翼角所代表的性格是核心性格的变异类型。即两翼角的性格是从核心角发展而来的,因此它们具有潜在的共同点。例如,若以3号为中心,它的两翼就是2号和4号。某些3号型人的性格则会倾向2号,有些则会倾向4号。所谓倾向,就是除了基本特点外,还拥有所倾向类型的一些特性。6号的两翼是7号和5号,这两种性格类型同样都具有6号中的多疑或者畏惧心理。这也解释了为何有些人同属于一个性格,但他们的表现可能会有天壤之别。

3—6—9号角的两翼所代表的性格类型实际上是核心性格类型外化和内化的两种结果,所以两翼性格潜藏了核心性格的特质。但需要注意的是,在九角星图中,只有3—6—9号角的两翼,才是核心性格的外化或内化表现,其他角的两翼则不存在这种关系。例如7号角的两翼,6号和8号性格,就不是7号的外化或内化表现。

虽然如此,但任何角的两翼都非常重要,都会受到其两翼性格的影响。例如,9号性格的人如果表达生气的时候,他可能向8号倾斜,采用命令的口吻,表达自己的愤怒;当然,他们也可能向1号性格倾斜,挑剔他人以发泄自己内心的愤怒。4号性格常常喜欢用戏剧性的方式表达感觉,他们可能向5号倾斜,把心中的郁闷都憋在心里；也可能向3号性格倾斜，用积极兴奋的表现来掩饰内心的愤怒。

## 成功营销从心理开始

为什么研究消费者的性格会创造好的销售成绩呢？

那是因为，一切购买行为到最后都取决于客户当时的性格情绪导向。假如有两种类似产品，价格、特点都差不多，客户最后选择购买甲而不购买乙，可能只是因为销售员对他的称呼令他听起来心情愉悦罢了。

销售面对的对象是有着不同性格特点的人。销售过程的产生是因为消费者存在对产品的需求。消费是一种行为，是消费主体出于延续和发展自身的目的，有意识地消耗物质资料和非物质资料的能动行为。在销售过程中，销售者的性格特征以及买卖双方的互动过程，对销售的结果都存在着重大的影响。

如果销售者说的产品功能、效果等都符合消费者的需求，那么，消费者就会产生消费行为，消费者是否喜欢某件产品和他的性格有着非常大的关系。例如有的人性格多疑，针对这样的消费者，我们销售人员应该让他感觉到诚信，让他感觉到我们在产品质量保证方面服务很好，这样他就有可能因为信任而进行消费；而如果一个人性格不喜欢多说，喜欢自己看，那么，此时你作为销售人员在旁边不断地介绍，虽然你是想让消费者能更多地了解这个产品，但是，你的行为却招来了消费者的反感，消费者哪里还有心情去购买这款产品呢？

总之，对于一个产品，如果销售人员能够根据不同性格的人有侧重点、有技巧地介绍，一定会提高销售成绩。同时，一个销售人员也应该了解自己是个什么样性格的人，自身存在什么优点和缺点，在面对不同的消费者的时候，要怎样让自己更加容易被消费者认可。了解了这些后，销售人员在销售过程中就会游刃有余了。

对于九型人格论所展示的人类普遍存在的九种性格，有人也许会发出疑问：九种性格能涵盖所有人的性格吗？世界上没有相同形状的两片树叶，世界上也没有性格完全相同的两个人。每个人的性格都有不同，即便是性格非常相似的两个人，也不能做到完全相同。其实，九型人格论中所说的九种性格类型是核心性格，每个人的性格都可以归到这九类中，同一类的人虽然性格有差异，但是他们内心存在的原动力，内心深处的最大渴望或恐惧是一样的。"九型人格"论可以说是直达人心。看透了人心，销售员在工作中就能针对不同性格的人帮助他们选择满意的产品，销售工作就变得容易多了。正如香港心理学家顾修全博士所说的，"成功营销从心理开始"。只要了解消费者的性格特征，知晓消费者的心理变化，那么，说服消费者购买产品的成功率就会大大提高。

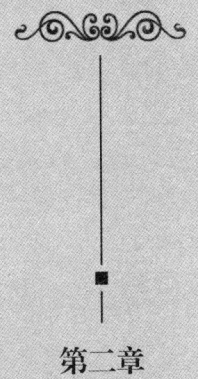

第二章

# 1号完美型客户：世界总是不完美的

完美型客户就像木工手里的木工刀具、大夫手里的手术刀、雕塑师手里的雕刻刀，他们可以随时随地用"刀"对自己身边的事物或者人进行精雕细琢。这种精雕细琢没有客观固定的模子，而是按照他们自己心中所认为的那个规则和道义来进行的。所以，对完美型客户的破解颇费些心力。

## 快速识别完美型客户

完美型客户干净、利落，做事果断，凡事追求尽善尽美，他们喜欢指责别人，眼里充满错误。他们到底还拥有哪些个性特征呢？让我们从以下六个方面完整展现一下。如此，便可快速识别此类客户，寻找其破绽，探索破解之道。

**（一）外貌着装和内在气质**

完美型客户面部表情庄重、严肃、一丝不苟，很少笑；眼神冷静、锐利，几乎不带任何感情色彩，但没有攻击性；气质高贵；腰板挺得很直；穿戴整齐，端庄大方，衣着样式中规中矩，服装上很少有复杂的装饰，显得干净、清爽、利落；整体最有力量感；生气时眉头紧锁。

**（二）沟通表现和常用词汇**

完美型客户说话常常是对事不对人，说话直截了当，不喜欢婉转；常干涉、责备他人；面部表情变化少，严肃，笑容不多；讲话的语调缺乏幽默感；因为他们注重自己的完美，所以说话的声调比较平稳但很清晰，干脆利落，不拖泥带水。

他们的语言中常会出现这些词汇：应该，不应该，对，错，是，不，按照规定，按照制度，规则，原则，立场，流程，规定，等等。

**（三）行为素描和日常生活表现**

完美型客户靠标准去做事，在意自己是否完美，在他们心里列满了一张"应该做"与"不应该做"的清单。他们做事情尽职尽责，力求完美。完美型客户对于一切都有一个外在的标准，行为也是如此。"站如松，坐如钟，行如风"，他们经常关注哪里出错了，自身言行是否符合标准和行为习惯。因为他们在内心以超高标准来审核自己的行为，唯恐自己做得不好，所以他们很难放松自己、享受快乐，结果常常把自己搞得非常累。

他们信守原则和自己的立场，重视公平，具有超强的正义感和使命感；黑白分明，害怕面对中间地带，对自己和别人的要求都非常高；追求完美、不断改进、感情世界薄弱，希望把每件事都做得尽善尽美；时时刻刻反省自己是否犯错，也会纠正别人的错；时常压抑自己人性中阴暗的一面，怨而不怒；重视规则，对工作严谨认真、一丝不苟，擅长统筹和安排。

他们注重细节，对细节要求极为严格，能一眼看穿错误之所在，这种对完美的追求，有时候会显得过于挑剔、唠叨。他们很难赞美别人，也不去赞美别人，因为他们的焦点都是在错误和遵守规则上面。他们常常看到的都是别人做得不好的一点，并因此常批评别人，好像没有一个人、一件事是令他们满意的。他们会紧盯错误和必须完成的目标不放，直到把错误改正过来，把任务圆满完成。

完美型客户会把家里收拾得整洁有序，所有东西都有固定的地方，他们不仅要求自己这样做，也要求家人保持生活整洁，并遵守规则。他们会一面收拾环境，一面指责，而且总是唠唠叨叨。他们守时、守秩序，让人觉得吹毛求疵，很多时候只有批评，无论是对自己或是对身边的人都是如此。他们就像屁股长钉子，很难坐下来休息，总想着有事要做。他们对自己有超高的标准要求，总是给自己施加很大压力。

他们很爱面子，因此生了气也不表达出来，常常自己生闷气，结果导致脸部表情僵硬。他们总是不放心别人做完的事，心思细腻，注重小节，所以整天忙碌；思想古板，过度刚性，不懂幽默，没有弹性，常用二分法来判断事情；对别人的热情、亲切很难接受，并会批评别人没有教养；非常努力进取，如果发现自己没有进步，会对自己非常不满意。

**（四）性格深度剖析和心智结构分析**

完美型客户的思考模式是怨恨、批判。每当他们遇到一件事或一个人时，会很自然便把眼前的人和事，与心目中的标准、规定或要求做一个比较。若结果是正面的,他们会认为这是应该的,而且这是基本要求,故绝不会赞赏,亦不会记在心中;若结果显示眼前的人或事并不符合他们心中的要求,那么他们内心便会批评和埋怨,斥责此人没有达到要求,至于是否会说出口,则视乎环境了。他们总认为只有自己的方式才是正确的,所以常常喜欢教导他人。

他们内心最大的恐惧就是良心受到谴责或者自己犯了错误受到别人的指责。他们内心里时常会出现一位严厉的批评家在不断地对他们的行为进行批评和修正,让他们朝着正确的方向前进。当他们被人指责时,他们内心便会产生极深的内疚感,即便这件事情并不是因为自己的原因而做错,他们也会因为没有达到要求而认为是自己的过错,并因此责怪自己未尽全力,没有预先好好教导那些人或准备工作做得不足,等等。

他们在潜意识中最大的渴望就是把每件事都做到完美,他们内心认为这个世界上的每一个问题最终都会有一种正确的处理方法,而这个方法就是他们自己所认为的正确的方法。他们会把这种唯一的正确做法作为自己追求的目标。

完美型客户内心对理想和现实之间的差距很敏感,经常因为达不到理想目标而痛苦不已。

他们内心充满了矛盾,一方面,他们把目光紧盯在目标和必须要完成的任务上,并为了实现目标或为了完成任务而坚持不懈、勤奋努力;另一方面,他们的内心会有一种非常强烈的去满足自我需要的冲动，但是他们又很担心自己的这股自我需要的冲动如果真的表现出来了，会影响到自己对事业的追求、影响到事件的完美性，为了完美不被意外破坏掉，他们宁肯压抑住自己的渴望，牺牲自己的需求。

因此，为了保持这份完美和高要求，他们就形成了一种自我保护机制——否定和重组。

一旦他们表露自己的感情，他们就会自动地去压制，觉得自己不应该这样、不应该那样，时常拿着一把道德和规则的刻刀来雕刻自己，以至于把自己搞得很古板，也很累。他们多数时候放不下架子，不懂得适当放松，对自己高标准、严要求。因此，他们总是认为自己是在逆境中生存，所以他们的逆境智商是比较高的。这种完美、极致的要求让他们时常产生对别人的厌恶和憎恨，时常感到愤愤不平，疑惑为什么有这么多人不遵守道德和规则，甚至变得敌视社会。

完美型的客户往往会为了追求完美而放弃很多绝佳的决策机会，因为他们总是担心自己做得不够好，以致失去完美，为此，他们常常坚持维持现状。

他们经常感觉自己内心充满力量，时刻都想爆发出来，他们压抑的能量是积累的批评，有时候这种压抑、不满会演变成无名的怒火，在心头燃烧。一旦有了借口或释放怒火的时机，这种极端压抑的怒火便像是沉睡的火山突然之间爆发出来。他们对自己的真实情

九型人格销售经

感判断越多,就会压抑越多,最好的方式就是让他们发泄出来,然后他们的内心就会趋于平静,达到一种很高的境界。

## 【经典代表人物】刘德华

闲不下来的刘德华就是一个完美型人格的典型代表,他的人生格言是,世界没有完美,但努力可以接近完美。

一代天王刘德华,走过的历程是我们这些平凡的人难以想象的。在红红绿绿的娱乐圈,能够靠自己的敬业、努力、拼搏走到今天这一步,刘德华实属不易。他走得异常谨慎、异常辛苦,然而却通过自己的努力和付出,换来了完美的今天。

刘德华追求完美,并愿意为这份完美付出努力。他是内敛的,内敛到使人忽略他的缺点。而他的缺点是什么,媒体似乎还没发现。事实上,他非常有棱角,这一点从他适合扮演的大多数角色就可以看出来。刘德华追求完美,极力为观众负责,我们从来没看到有哪些记者或粉丝拍到他颓废的样子。

刘德华是圈内公认最勤奋的艺人。从艺多年,他从来没有停止过对自己的要求。歌唱得不是最好不要紧,他最终用诚意感动了歌迷;电影更是出了不少精品,完成了从量变到质变的飞跃;后来,他还成功完成了向商人、监制、制片人的转型,让圈内人望尘莫及。

## 跟完美型客户谈感情是下策

完美型客户把感情放在最后考虑,所以面对完美型客户不要用传统的拉关系、套近乎的方法,盼望和他们聊上几句就能成为好朋友进而可以完成订单,那是不切实际的。

对完美型的人而言,友谊不是他们的首选,因为他们是以进程为导向的,他们有极强的自律能力,遵从道德和立法,讲求凡事合理。所以,拉关系这种方法反倒让他们反感。

面对完美型客户,我们首先应该让产品完全符合理、法、情,要"师"出有名。一定要记住:要想完美型客户购买你的产品,首先是道理上说得过去,其次是符合法律,最后才是考虑感情。

和完美型客户沟通产品时,要注意语言精确、表述认真,如果一味夸张地介绍自己产品的优点,极力掩饰产品的缺点和不足,讲究标准的完美型客户是不会买账的。

比如,销售人员这样说:"我们的产品非常好,质量肯定有保证,假一赔十,我保证这些电脑没有任何瑕疵。"当客户对声音有疑问时,销售员说:"这个没事,一般的电脑声音效果都会有点问题,这个不算问题。"

听到此话,完美型客户一定会掉头走人,因为他追求完美,他认为任何一点瑕疵都不应该有。所以,在与这类客户打交道的时候,销售员切记不要说话太多,且说话时一定要认真、表达精确,让完美型客户感觉到这两点非常重要。这样他们才会信任你，进而购买你所销售的产品。

面对完美型的客户，销售员应当站在一个相对客观的角度向他介绍产品，比方说："先生，我信任您是一个有主意的人，对我们所销售的产品，我相信您有能力来自行断定。"另外，你要认真地、正确地告知完美型的客户，这种产品在市场上的占有率是多少，别人对这个产品的满足率是多少，并向他们提供产品的生产合格证书或者获奖证书等，突出产品的合理性、标准性、完美性。这些精确的数据和确凿的产品质量凭证，对于征服完美型的客户来说是最有效的。

例如，当你要销售一台电脑，你就可以这样介绍：

这台电脑客户反应非常好，它的键盘设计是巧克力形状的，这是为适应人手指的结构而设计的，已经获得了某项大奖，敲击键盘时手感非常舒适，你可以摸一下看。它的处理器是现在最新的。这份资料是我们这款产品的销售业绩以及使用说明书、售后服务的一些条款等，这些都是有法律保证的。这些产品都有严格的质量标准，都是在严谨的生产流程下完成的。

完美型人做什么事都要通过前思后想，三思而行，所以对他们要有耐心，要给他们留出足够可以让其做出抉择的时间，并给他们时间去挑剔。在与他们相处时，要保持高度的深入性、体系性、逻辑性，并做好精心的筹备。在交谈中要容许他们描述所有细节，并且当他们谈及某个问题时,要能够准确地回答他们。如此一来,你和完美型客户达成交易的可能性就大大提高了。

## 交流要懂得"迂回"战术

完美型客户在看产品的时候,喜欢鸡蛋里面挑骨头,并且总认为自己是正确的。所以,他们可能会和销售员一味唱反调、抬杠,甚至向销售员说教一番。

完美型客户心中都有自己的完美标准,他们凡事都喜欢按照自己的标准去衡量,常喜欢直接指出事情中做得还不够完美的地方,有时候他们指出的不够完美的地方,让别人看了就像是在指责。或许你会想,既然他们平时总爱批评别人,对自己的要求又这么高,那么他们一定不会介意别人批评自己吧?事实上恰恰相反!不要以为完美型的人对自己要求这么高,就能接受别人的严厉批评,他们在批评别人的时候也是在束缚自己,这个我不能做,那个我做得不够完美。他们内心有一个批评者时刻在批评着自己,所以他们内心对于批评其实已经是很害怕了。你去批评他们,他们表面上能接受,只是为了表现自己是个宽宏大量、完美的人。其实他们内心早就对你产生了敌意。因为越是要求完美的人,内心越是怕别人指出他不完美的地方。

在销售过程中，有些完美型消费者挑三拣四，并且自以为是，总是认为自己比销售人员懂得多，其实他说的话中也有很多错误。但是，这个时候销售员千万不要打断他，试图去纠正他的错误，这样会让完美型客户觉得自己没有面子，完美型客户最顾及面子。销售人员可以用心倾听他的话，只要不是特别严重的错误就没有必要去纠正。因为在倾听中销售人员可以了解完美型客户对产品有哪些疑问，心里是怎么想的，这样销售人员就可以找到说服他的最佳方法。

如果客户在讲述中对产品有误解，销售人员就一定要纠正过来，不过不必生硬地打断他的谈话，可以在他说完话或者说话稍微停顿的时候，适时地插上一句。销售人员可以这样说："您提出的这些建议，真的很宝贵，不过，有关……方面的问题，并非如您所说的那样，其实，我们的产品……"这样，他通常会很自然地接受销售人员的建议，且不会觉得自己伤了面子。反之，如果销售人员打断完美型客户的话，然后生硬地插一嘴："不对，我们的产品不是这样的，我们的产品采用……所以，非常耐用。"这时，我们可以想象，在大庭广众之下遭到他人的否定，等于显现了自己的无知，客户的反应显而易见，心里肯定会不快。也许完美型客户碍于面子，不会当场否定你的观点，但是，他从心底里是一定不会再接受你的任何意见了。

面对这样的客户，销售员要懂得采取迂回战术，与完美型客户交流时，如果他百般挑剔，那么在和他交锋几个回合后就要适可而止，到最后故意宣布"投降"，假装退下阵来，心服口服地宣称对方高见，并佯赞对方独具慧眼、体察入微，不愧"人杰""高手"，让其感到自己的观点得到了肯定，然后销售员再转入推销的论题。身处这种场合，销售员一定要注意满足对方说教、指责的习惯，请其批评、指教，发表他的意见和看法。

## 尽可能完美地展现产品

销售人员向客户展示的产品一定要完美无缺，不论是内在质量，还是外在的包装、附件及外观设计等方面都不能有任何疏忽，否则就会给客户留下不好的印象，尤其是凡事追求尽善尽美的客户。你要知道，只有完美无缺的产品才能真正唤起完美型客户的关注和兴趣，刺激他们的购买欲望。

小芳去商场里买衣服。她刚进入商场不久，便在一个角落里发现一款粉红色的夹克。那个款式正是小芳找了好久的，她一看便决定要买它了。那个销售人员让她试穿了这个夹克，并不住地夸："这件衣服正合适你的肤色，这个款式是我们最新出来的，现在已经快卖完了。"小芳听了更是下定决心一定要买下它。但是，就在小芳想要买下这款衣服的时候，发现自己看中的这件衣服领子非常脏，不知道有多少人试过了，并且里衬里有一小段缝线还断了。一向非常讲究的小芳,立刻对这件衣服产生了反感。她心里想:"衣服都穿这么脏了还放在外面,做工那么不好,不知道这件衣服好还是不好,我应该再去其他地方找找,这家让我不放心。"于是,小芳便没有买下这件衣服。

的确,一件衣服如果到处都是瑕疵,即便它的质量非常好,在客户眼中也大打折扣了。尤其是当完美型人看到这种情形,反应会更强烈。所以,销售人员千万要做好面子上的工程,尽量让产品变得完美无缺。

其实这个工作并不难做,只要销售人员勤快一些。同样的商品,一边是胡乱地堆在一起,另一边是整整齐齐地呈矩形摆放着,客户一定会对整整齐齐摆放的商品多看上几眼。总之,勤快、细心些,让商品以完美、干净的形象出现在客户眼中,定会收到好的效果。

在完美的基础上,我们还可以有针对性地介绍产品,让它在客户眼中变得更加完美。因为受环境、地点、时间及客户素质等多种因素的影响,销售人员在向客户推荐产品时应着重介绍产品的特色,明确向客户表示该产品的特殊功效、该产品和市面上流行的同类产品的区别及其优势。比如,若是产品的体积很小,那就强调它节省空间和便于携带的优点;若是样式较陈旧,就可强调它古朴大方的风格,且已不再制造,供应量有限,突出产品具有收藏的价值。若是客户举棋不定,就要对产品的性能和服务对象有针对性地强调,重点加以介绍,才会受到更好的效果。

## 排除异议，说服完美型客户

完美型客户追求完美。销售员在提供产品、介绍产品时，一定要让完美型客户感觉到这款产品完美无缺，或者是完全符合完美型客户的挑剔要求，这样他们才会决定购买，否则他们就会弃而不顾。其实，有时候客户的异议是源于对产品还不够了解，所以还有顾虑；还有时候，客户的疑问只是产品的小小瑕疵。如果销售人员能及时解答他们的疑问，让他们感觉到这个问题根本不是问题的时候，自然就会大大提高客户的信任度。否则，如果客户提出的问题你处理不好，就难免会降低客户的信任度，并最终导致客户拒绝购买。

为此，我们要学会"说服式销售"，这种销售方式就是让客户提出任何异议。世界著名销售学博士乔·甘道夫说：没有销售不了的产品，只有——你对客户还不够了解。

那么，面对完美型客户提出的异议，销售人员具体该怎样处理呢？

### 1. 先肯定，再转折

如果客户的异议很尖锐，你就说："是这样。但是……"先肯定，后转折。即，先同意客户的观点，甚至赞赏他的眼力："这个问题提得好！"接下来再委婉地说明，他提到的缺点怎样被优点抵消了——"虽然价格高，但产品质量好、寿命长、高保险、易操作"等。

例如，一家植物商店里，一位客户正在打量一株非洲紫罗兰。

客户："我一直想买一株非洲紫罗兰，但听说它开花很难，我的一位朋友家的就从没开过。"

推销员："是的，您说得对，很多人的紫罗兰开不了花。但是，如果您按照规定要求去做，它肯定会开的。这个说明书将告诉您怎样照管紫罗兰，请按照上面的要求精心照管，如果仍不开，可以退回商店。"

你看，这位推销员用一个"是的"对客户的话表示赞同，又用一个"但是"解释了紫罗兰不开花的原因。这种方法可以让客户心情愉快地改变最初对商品的误解。

### 2. 采取其他缓和措施

客户如果对小问题异议很大，可先承认这一点，然后采取适当措施，或提供特别服务、价格让步等。

### 3. 转向其他商品

如果客户的异议难以克服，不要跟客户争吵，可以马上转向其他商品。

### 4. 不必在意

如果客户的异议很小，暂且不去管它，因为这可能是客户随意说的，待他再次提起时再去处理。销售人员不要对异议谈得过多，因为这样反而会把事态扩大。

5. **直接否定**

在客户明显误解的情况下否定异议,比如:

推销员:"这种沙发表面是用漂亮的纤维织成的,但坐在上面感觉很柔软。"

客户:"是很柔软,但很容易脏。"

推销员:"您说的是几年前的情况了,现在的纤维织物都经过了防污处理,而且具有防潮性。假如沙发弄脏了,污垢是很容易除去的。"

第三章

# 2号给予型客户：满足别人的感觉好极了

给予型客户是九型人格中最富有爱心的一类人，他们是最乐于并善于帮助别人的一种类型。他们会为了帮助他人而付出自己大部分的时间和精力，甚至是金钱。他们基本上不大计较金钱、物质上的回报，只要多对他们表示肯定和赞美，他们就心满意足了。

对于销售人员来说，遇到给予型客户是非常幸运的，因为他们是最容易搞定的类型。

## 快速识别给予型客户

给予型客户火热的心总是在奉献,他们通过奉献换取他人的赞同。他们活泼、开朗、善交际,同时兼具其他个性特征。我们可以通过以下几个方面了解给予型,并迅速识别他们,进而找到适合这种类型客户的销售之道。

(一)外貌着装和内在气质

给予型的人无论是男士还是女士,身形都会比较圆润;他们表情柔和、笑容满面且面色红润,给人的整体感觉会是比较亲切、热情,具有诱惑性;他们眼中充满"爱",眼光是坦诚的;多汗,肢体语言比较温软。

给予型的人注重衣着的打扮,关注服饰的品质和舒适度。如果是女士,有时候会加些性感,但不会表现出很另类、很炫耀。一方面他们会注重打扮,以便得到他人的关注;另一方面他们不想太出风头，认为这样不利于和谐。

（二）沟通表现和常用词汇

这种类型的人倾向于用感觉去面对问题，所以我们常常会发现他们在说话的时候多是感觉到了哪里就说到哪里，所以他们的语速通常比较快，听上去很容易让人感觉到他们说的很多话其实都没有经过大脑过滤。正是因为他们是靠没有任何线索可循的感觉去说话，所以在感情激动或情急的时候，语言会变得缺乏逻辑。

他们常常在说话中采用幽默的交流方式，以创造和谐、愉快的氛围，并且时不时还可能自嘲几句。他们避免谈论关于自己的负面话题。

给予型客户在与人交流的时候，常常身姿倾斜比较厉害，表现出十分关注的样子，并且在交流中不断点头，面容活泼，手势或者胳膊的动作也很多；愿意与人有身体接触，比如拥抱与被拥抱，肢体动作丰富、夸张。

给予型客户语言中经常出现的词汇：感受到，你坐着，让我来，你觉得呢，帮助别人，不要紧，没问题，好，可以，行不行，被他人需要，可以不可以，他人的感觉怎么样，等等。

（三）行为素描和日常生活表现

给予型的人乐观开朗、慷慨大方，他们不论在时间、金钱还是精力上都显得愿意付出。他们经常忽略自己内心的真实需求，也很难向别人寻求帮助，因为他们把注意力都集中在了他人身上，通过在成功帮助别人的过程中体现自己的价值,以满足自己的真实需求。他们能够敏锐地觉察到别人的需求所在,并且善于为对方的期待而改变自己的形象,表现出刚好吸引别人的那部分性格。

相对于接受,他们更愿意付出。他们经常会主动帮助别人,没事干的时候也去会主动找别人交流,一副无事忙的样子。但是这并不意味着他们没有需求,有时候他们是为了用更多的付出来希望对方帮助自己,但是他们是不会主动表现出来的。如果他的付出得不到回报,他们会表现得很专横,不再施与任何帮助或者操纵别人。

他们对重要的、有权力的人有种天生的敏感,能够迅速发现环境和人群中那些重要人物。当他们发现这些重要人物后,便会快速改变自己来接近他们,博得他们的好感。他们最善于与有权力的人士结成联盟,这样他们就可以成为核心圈子中的幕后操作者,可以操控有权力的人,以保证自己位置的稳定。而对于那些无足轻重的人,他们常常会忽略掉。

他们表现出外向、乐观、热情的性格,对他人的内心世界表现出超强的感受力。如果他们不能帮助他人,心中就会无形中产生愧疚感。如果他人有些许不尊重的暗示或举动都会使他们非常恼怒,他们是典型的"对人不对事"。

**(四)性格深度剖析和心智结构分析**

给予型人心中一直有这样一个观念:自己对于他人很重要,他人需要自己的帮助。他们认为自己的天职就是帮助他人成就大业,他们非常愿意帮助自己喜爱的人取得成功，并且认为非自己不可。这种想法导致他们不辞辛苦地帮助他人，注意力全都集中在如何服务他人、取得他人好感上面。他们最大的渴望就是能够得到别人的认可和关爱，并重视其存在。他们害怕自己失去别人的关爱和关怀。他们因为长期服务别人，便因此认为别人离不开他，遂产生骄傲情绪，进而便想要操纵他人。

正是这种极度想要得到他人认可的情结，使他们对别人的需求非常敏感，总是无意识地关注着哪个人需要帮助。而因此，他们也常常忽略了自己的真实感受和需要。当他们因太多地帮助他人而得不到回报和肯定的时候，就会觉得自己受到伤害，觉得自己被欺骗了，这时候他们会选择退缩，被压抑的自我需要情结就会爆发，变得非常愤怒。如果他们遭到别人的否定，就会感到极其不舒服和难堪，会非常生气和压抑自己。

给予型的人常常会觉得自己有很多个真实的自我，他们很清楚如何表现才会吸引别人、征服别人。特别是当他们发觉有重要人物出现的时候，他们就会试图通过改变自我来征服重要人物。待有另一个重要人物出现时，他们会再转变一个自我去迎合这个重要人物。长时间这样生活，到最后连他们自己也不知道到底哪个才是真实的自我，甚至不知道自己为什么这样辛苦地为别人服务。随着不断得到他人的好感，他们又慢慢地发现自己为了得到而失去了太多，这个时候他们就有种想要逃脱出来的强烈愿望，如果摆脱不出来，他们就会情绪焦躁，时不时地发脾气。

他们会不自觉地有强烈想要帮助他人，甚至不惜改变自己去适应他人的欲望，但是他们又想做自己喜欢做的事情。这时他们会陷入这种矛盾冲突中，当他们抑制自己的需求来满足别人的需求时，他们会对自己所帮助的人尤其是强势的人、亲密的人产生强烈的依赖感，以便求得心理平衡。

他们虽然不喜欢权力，却非常善于和有权力的人结盟，他们希望接近有权力的人，让自己成为幕后操纵者。他们有时候显得很独立，有时候则显得很依赖人。他们会快速与有权力的人结盟，成为核心圈子中的一员。但是这一点也会让他们忽视那些无足轻重的人，在这些人面前不由显得趾高气扬。同样，当他们将注意力放在一些有价值的事物上时，总会忽略一些无价值的东西。

## 【经典代表人物】麦当娜

流行天后麦当娜是一个给予型的人，她生活在一个虔诚信仰天主教的大家庭。她的母亲生有七个孩子，但在麦当娜五岁的时候就不幸去世了。她的父亲一肩扛起家计，在众多兄弟姊妹中，想要受到父亲关注，就得做一些特别的事，小小的麦当娜为了博得父亲的奖励，用功念书。但是，当她父亲再娶后，她发现要得到关注，只能从外面的世界，于是她不再把希望放在爸爸一个人身上，她告诉自己，她要很多人爱她！

她因此想当一名舞者，于是她独自一人怀揣35美元开始在纽约闯荡，寻找自己的舞蹈梦想。虽然中间经历了很多波折和坎坷，但是她遇到了很好的机会，进入了主流唱片公司，开始了自己的歌舞生涯。

在1984年举行的首届MTV年度音乐电视大奖（MTV Video Music Awards）上，麦当娜的表演震撼了西方观众。她穿着紧身女胸衣和婚纱的混合服装，表演中在舞台上打滚，露出自己的花边长袜和吊带，表现了大量的性暗示动作。对今天的西方观众来说，也许这样的表演不会让人们多眨一下眼，但对当时的观众来说，却足以震撼他们的内心。尽管看起来麦当娜是在向保守势力挑战，但实际上她不过是为了增加自己的人气。

绝大多数人认为麦当娜是个叛逆的女孩，而她始终追求自己的目标，就是得到他人的关注、赞美和认可。这正是给予型的典型特征。

## 给予型客户最吃赞美这一套

正所谓"美言一句三冬暖"，给予型客户渴望受人赞美，简单的几句赞语就会使他感到非常的温馨和振奋，对他们产生很大的效果。我们均应牢记马克·吐温的一句话："一句赞美话，可以使我受用两个月。"

赞美不需花钱，只需动一点脑筋。虽然人人都喜欢别人的赞美，但如果你的赞美言过其实，就会显得虚伪，成了谄媚，而谄媚会令人恶心。尤其是当你面对具有极强感知能力的给予型客户时，一点点出于奉承的赞美都能让他感知得一清二楚。他们清楚地明白你的意思，了解到你的赞美是有功利性和目的性的，这样他们会断然拒绝和你交往。所以，赞美必须真诚、自然，且有事实依据。

女作家威尔逊有一个精通雕刻的男仆，他最崇拜雕刻家鲍格伦。有一天，鲍格伦到威尔逊家做客，男仆因为兴奋过度，在端酒时竟把整杯酒泼到鲍格伦的身上。

男仆窘态毕露，一面赶紧用餐巾替鲍格伦擦拭，一面解释说："真抱歉，我服侍平凡一点的人总是好好的。"

鲍格伦笑着对男仆说："我这一辈子，还没受过这样的推崇。"

男仆真诚的赞语，不但使鲍格伦高兴万分，而且也给自己化解了危机。

对于销售人员来说，客户可赞美的地方有很多，诸如：身材、风度、气色、服饰、摆饰、成就、专长、兴趣、嗜好、学问等。最要紧的是，你必须说出别人不留意的特点，否则人云亦云，虽然是赞语，他却听都听腻了。特别是给予型客户非常敏感，当他们听到你赞美的是很少有人关注的那个优点的时候，就会非常感动，认为你是他的知音。你这样做会直接击中给予型的内心,这样的赞美换来的效果非常明显,他们会顺利被击败。

当然,销售人员要想在短期内能发现很少让人关注的优点也是要有极强的洞察力的。为了能够迅速发现给予型客户不明显的优点,我们首先应该要全面了解给予型客户一些日常行为特点。给予型客户比较主动,可能会在看产品的时候主动把看过的产品放回原处,这时你就可以不失时机地说一声:"你可真是个细心的人,一般的人看完就走。"你还可以这样说"您的气色很好"之类的话语。

要想赞美得体,就要记住男女所好不同。男人喜欢别人说他强壮、有气概、精力充沛,而女人则喜欢别人称赞她的容貌、皮肤、发型、服饰等。

当给予型客户想要了解某件产品的时候,可能会问一些问题,那么,你就可以说一声:"您问的问题很专业,看来您对这方面很有了解。"即便他只是刚刚才了解到,但是听了这样的话,心中也会很高兴。

还比如,如果客户带着宠物小狗,你就可以独辟蹊径地从赞美客户的小狗入手,先解除客户的防备心理,然后"诱敌深入",逐步引导客户进入自己的"圈套"。

给予型的人大多热情、开朗,当他们听到了销售人员的得体赞美时,就会从心中对销售人员产生好感,这样就不自觉地打开了话匣子。他们会非常热情、主动地说出自己的需求,甚至会跟你聊些家常。此时，销售人员只要听着他们说的话，并时不时表现出认可或赞美就可以了。当两人聊得非常火热的时候，给予型不用你去主动说，自然会买你的产品，因为他们向来是乐于助人的，他们渴望得到你的赞美和认可。如果销售人员能和给予型客户建立长期的友好关系，他们会常来光顾你这里，并且会热情地帮你宣传，替你寻找更多的消费者。所以，销售人员一旦遇到给予型客户，一定要牢牢抓住。

## 向给予型客户表达他的重要性

每个人都有虚荣心，给予型客户的这种性格在本质上也可以说是在满足他的虚荣心，让人满足虚荣心的最好方法就是让对方产生优越感。但是并不是每个人都能功成名就，使自己的优越感得到满足；相反地，大部分的人都过着平凡的日子。每个人都承受着不同的压力，往往有志难伸，处处听命于人。虽说常态如此，但是绝大多数的人都想尝试一下优越于别人的滋味，因此这些人会比较喜欢那些能满足自己优越感的人。巧妙地奉承固然能满足一些人的优越感，但也有弄巧成拙的时候。对于给予型的人来说，让他产生优越感最有效的方法是对他表示尊重，并让他感觉到自己在别人心中的重要性。当然，当给予型客户发现你对他非常友好，并非常看重你依赖他的时候,他会更加努力地帮助你。但是,给予型客户也是非常敏感的,能够准确洞悉对方的心理。所以,面对给予型客户一定要真诚,并且让他感觉到你对他的重视和依赖。否则,如果他感觉你并非依赖他、需要他,而是利用他,他就会跟你断绝往来。

那么,怎样表达自己对对方的重视呢?

### 1. 从礼仪着装方面考虑

好的装扮,再加上好的礼仪,将更能赢得客户的好印象。礼仪是对客户的尊重,你尊重客户,客户也会尊重你。

### 2. 言谈举止一定要表示对对方的重视

多表示认可、少插嘴、多倾听,并时不时地向他问一两个你不明白的问题,真诚请他解释,那么给予型客户会非常高兴并乐意告诉你很多知识。当给予型客户谈得非常开心的时候,你再向他提出一些销售方面的话题或要求,一般他都会果断地答应下来,甚至会给你提出很多销售方面的点子,或者给你介绍其他的客户。所以,如果作为销售经理,你很幸运地遇到了一个给予型客户,那么他会把自己的名片留下来,让你遇到困难随时找他,或是常和他联系。

### 3. 赠送小礼品

当客户和你谈得非常开心并决定买你的产品时,你可以不失时机地赠送他个小礼品,让他看到你对他的特殊礼遇,表达你对他的重视。那么他会非常高兴,以后他就可能会帮助你更多。

### 4. 记住客户的名字

如果你是第二次看到客户，并能记住他的名字，他会非常惊讶，继而张大嘴巴惊奇地问你："你怎么知道我的名字？"然后，你就可以谦虚地告诉他，因为他曾来过这里，所以就记下了，那么他会非常高兴的。当给予型客户听到别人能叫出他的名字时，他会对你产生非常强烈的亲近感，这时，不用你过多说什么，他定然会主动和你攀谈，询问你的情况。当你有销售方面的需求时，他们会主动找各种方法帮助你。

总之，给予型客户最有热心肠，他们会为了帮助你而很容易去买你的产品。但是，也不要因此认为给予型客户最好说话，如果你不能顺着他的心意做事，他们也不会甘心掏腰包。比如，主动帮助他，给予型客户往往不喜欢别人的帮助，尤其是当他没有给你做什么事情的时候，他会因为受了你的帮助而感到有压力，他可能会拒绝来第二次的，因为他们感觉难为情，对你有愧疚感。

当然，在给予型客户给了我们热忱帮助后，我们要把在他的帮助自己取得的进步告诉他，这样他会感到非常满足，感到自己成就了他人，很有成就感。之后他会更主动帮助你了。但是，如果他在帮助你时怎么帮都没有办法成就你，他会很失望，也会心中有愧，之后可能就不会和你主动往来。

九型人格销售经

# 站在客户的立场想问题和说话

销售人员最容易犯的错误就是过于强调自我,过于强调自我利益,而忽视客户利益。要记住,客户永远是对的。所以,在任何时候都要站在客户角度考虑问题。如果你面对的是一个给予型客户,那么,当你站在他的角度考虑问题,他会非常高兴,感觉自己从中获得关怀。

例如,某保险公司的一位王小姐在电话联系的约定时间对李先生进行拜访。

她一进门便开门见山说明来意:"李先生,我这次是特地来请您和您太太,还有您的孩子投人寿保险的。"不料李先生一句话顶回来:"保险是骗人的勾当!"王小姐并未生气,仍微笑着问道:"噢,这还是第一次听说,您能给我说说吗?"李先生说:"假如我和太太投保3000元,现在3000元可以买一台电脑,二十年后再领回3000元,恐怕连台彩色电视机都买不到了。"王小姐又好奇地问:"那又是为什么呢?"李先生很快地回答:"一旦通货膨胀,物价上涨,即会造成货币贬值,钱就不经花了。"王小姐又问:"依您之见,十年或二十年后一定是通货膨胀吗?"李先生又迟疑了一会儿,说:"我不敢断定,依最近两年的情形来看,有这种可能。"王小姐再问:"还有其他因素吗?"李先生支吾了一下说:"比如受国际市场的波动影响,也说不定。"接着王小姐又问:

"还有没有别的因素?"李先生终于无言以对。

通过这样的问话,王小姐对李先生内心的忧虑已基本了解。于是王小姐首先维护李先生的立场:"您的见解有一定的道理。假如物价急剧上涨20年,不要说3000元彩色电视机买不了,怕只够买两根葱了。"

李先生听到这里心里很高兴,接着,这位精明的王小姐给李先生解释了这几年物价改革的必要性及影响当前物价的各种因素,进一步分析我国政府绝不会允许旧社会那样通货膨胀的事情再次发生的道理,并指出以李先生的才能和实力,收入可望大幅度增加。对于这些话,虽然李先生不止一次听别人说过,但总没有像今天这样感觉亲切。

最后王小姐又补充一句:"即使物价有稍许上升,有保险总比没有保险好。况且我们公司早已考虑了这些因素,客户的保险金是有利息的。当然,我这么年轻在您面前讲这些,实在有点班门弄斧,还望您多多指教。"说也奇怪,经她这么一说,李先生开始面带笑容,相谈甚欢,当然,这位推销员王小姐此行的目的也达到了。

这位王小姐成功的秘密在什么地方呢?就在于她站在对方的立场来思考,设身处地从客户的角度考虑问题,而后再进行引导,晓之以理,动之以情,使对方与她的想法同调,最后使之接受。如果不是首先与客户步调一致,而是针对李先生的"保险是骗人的勾当"观点,进行争论、辩论,那么,劝李先生投保就没有希望了。

# 对给予型客户不妨煽情一点

适当地采用煽情的方式也可以让给予型客户买你的产品,因为给予型客户总是把注意力集中在外部世界,对周围的环境非常敏感。给予型客户容易被你的热情、激情感染。并且,他们心中也是很理想主义的。所以,这种方法对给予型客户非常有效。那么,怎么使用煽情法呢?

### 1. 态度一定要热情

热情能打动人。有人曾说,推销事业是充满热情的人从事的职业,当热情消退时,他的推销事业也就走向了衰退。对于销售人员来说,所进行的事业是人和人的沟通、心和心的交流。销售人员要想获得成功,首先必须用自己的热情去感染对方。

有一次,一位推销员来办公室见拿破仑·希尔。她向拿破仑·希尔推销报刊,其中一种就是《周六晚邮》。但她的推销方法与别人大为不同。她看了看拿破仑·希尔的书桌,发现书桌上摆了几本杂志,忍不住热情地惊呼:"哦!我看得出来,你十分喜爱阅读书籍和各种杂志。"听了她的话,拿破仑·希尔把稿子放了下来,想要听听她还将要说些什么。

这位推销员没有说一句有关产品介绍的话,但她与众不同的开场白却赢得了拿破仑·希尔的关注,这为她进一步介绍自己的产品打下了良好的基础。因为作为一个公司的老总,公务繁忙,有人来推销是很令他厌烦的事,通常都没有时间听,而拿破仑·希尔能够被这名销售员的话吸引过去,就为销售员成功的推销打下了坚实的基础。

**2. 行为不要拘谨**

说话声音小、行为过于拘谨、性格不开朗,容易让人觉得死气沉沉,没有朝气。

一定要开朗些,让自己表现得自然、洒脱、热情。如果销售人员能够适当地说些幽默话,就能使销售员和客户之间的关系显得亲密了。那么,当客户买谁的产品都可以的时候,他就会更喜欢在你这里买了。

当然,我们这里指的是说话、做事恰到好处,而不是说让销售人员说话不着边际、信口开河或行为举止变得散漫、随意。大方、不拘谨从来都是建立在讲礼仪、讲礼貌的基础上。

**3. 语速要慢,口齿清楚、表达清晰**

对于销售员来说,这一点非常重要。因为你知道自己在说什么,但是客户未必知道你在说什么。说话的目的不是让你自言自语,而是要求你和客户互相沟通。你自己是专家,别人却是第一次接触,说话太快、太急只能使对方听不懂,没有听懂心中自然会不快。所以,讲话的语速一定要放下来,说清楚每一个字眼,不仅让客户满意,自己也会感觉很舒畅。销售员在展示商品时,要说客户听得懂的话语。一定不要使用过多的专有名词。因为过多的技

九型人格销售经

术专用名词会让客户觉得过于复杂,不能充分理解你所要表达的意思。

## 自曝弱点,换取同情心

给予型客户是最有同情心的,他们生来就是爱付出,乐于奉献。他们对于弱者报以极大的同情心,并且会无私地向弱者伸出援手,帮助弱者摆脱困境。当弱者在条件不好的时候,通过给予型的帮助获得了大好前程,给予型人就会从中获得非常大的满足感。不要抱怀疑态度,给予型的人就是这样乐于付出。

例如,张敏是个家庭主妇,她为人非常热情,爱管闲事,爱帮助人,所以在她所在的小区里,几乎没有人不认识她的。因为她善于处理人际关系,后来被小区物业聘用为管理人员。

有一次,小区里来了一个卖水果的小商贩,他正在小区里售卖的时候,被张敏看到了。按照小区规定,未经允许是不可以在小区内卖东西的。她就想把小商贩赶走,当她走过去要求小商贩离开的时候,那个小商贩表现出一副可怜兮兮的样子,张敏的心一下就软了。小商贩开始说出了自己处境多么艰难,生意多么不好做,自己的负担多么重,后来又说自己家乡闹了灾,张敏一听,竟然还是同乡,于是便毫不犹豫地留下了小商贩,然后自己买一些,并带着小商贩挨家挨户地去推销,结果不到半个小时的时间,小商贩就把所有的水果都卖光了。

故事中的张敏就是一个典型的给予型人格。从她帮助小商贩卖水果这个故事中,我们受到了这样的启发,即作为销售人员在面对给予型客户时可以适当地示弱,以换取对方的同情心。

当然,向给予型客户示弱可以,但是一定要讲究方法,尤其是不要企图通过向客户抱怨来换取他们的同情。抱怨虽然能够获得同情,但是这种同情往往已经成了施舍。对于一个销售人员来说,不断地抱怨企业、竞争对手或者环境,只会让客户感到厌烦。优秀的销售人员根本就不会让抱怨成为他和客户交流的话题。他们认为抱怨解决不了任何问题,反而在很多时候把问题弄得更糟。

当我们获得给予型客户的帮助时,一定不要忘记说一声"谢谢"。这是做人的礼貌,也是对给予型客户付出的肯定。

第四章

# 3号实干型客户：任何事都可以达成

实干型的人是工作狂,他们精力旺盛,为了一个目标全心全意地奋力追逐,永不疲倦。他们具有竞争性,无论处在何种竞争场合,他们的目标总是锁定在成功之上。他们会成为杰出的领袖,也喜欢鼓舞他人,他们的口号是"天下没有不可能的事"。

# 快速识别实干型客户

实干型人风风火火,忙忙碌碌,每天都在追求着目标,即便和爱人打电话,脑袋里也在想着接下来该做什么……

实干型人有着鲜明的个性和超强的行动力,我们可以通过以下六种方法快速识别他们,及时找到破解他们性格密码的销售之道。

（一）外表与气质

实干型的人通常都是目光直接、有神,看起来很机灵;他们衣着光鲜靓丽,符合主流审美观,是时尚的一群,注重品牌,符合当时所在的场合,仪表出众;他们通常身材线条都比较干净、利索,是那种比较标准的体型,不胖也不瘦。这种体型的形成是因为他们长期关注自我形象和成就,刻意打扮自己导致的结果。形象对他们而言相当重要,他们认为自己的外在必须让别人看起来是一个成功者。总之,他们会处处表现出成功者的特质。所以,他们也很容易成为众人瞩目的焦点。

(二)沟通表现和常用词汇

这类型的人精力充沛,自信乐观,口才超棒,善于说服别人。具体表现在:说话目的性强、巧妙、语调夸张活跃,非常大声,动作充满活力,手势变化多,爱讲成功人士,喜欢表现自我;他们紧盯对方,身体靠近,不断点头,笑容热情,表情夸张且有煽动性,经常夸耀,爱分享,喜欢参与,不断回应"对啊、是的、嗯"等。

实干型人善于激励他人,对自己过去的成就引以为荣,忌讳别人谈自己失败的地方;喜欢成为行动中的重要人物,好胜心和竞争意识强,重视名誉、地位等社会认同;善于和他人沟通,在不同场合能表现不同形象,是出众的社交能手;善于自我激励,同时也善于表达;善于目标设定和决策,积极进取,想尽各种办法达成目标。

常用词汇:没问题,保证,绝对行,最,顶,超,目的,目标,成果,水平,能力,第一,做事情,浪费时间,形象,竞争,最好赞美,行动,面子等等。

(三)行为素描和日常生活表现

实干型的人精力旺盛,是天生的工作狂,他们出于爱的需求便奋力追求成就,以便获得地位和赞赏。所以他们在行动表现上追求效率,竞争意识强,不管在任何场合,他们的焦点都集中在目标和成就之上,但是他们的初衷只是想通过获得成就最终获得赞美,而没有击败他人的欲望。

他们能积极主动地参与到各种活动中，善于表现自我，他们总是能根据不同的环境而改变自己的形象。他们把自己的真实感觉埋在心底，因为这样可能会影响他们追求成就。只要被要求，他们就会立即表现出适合的感觉，表现出成功人士的特质。例如，他们总能保持正面的情绪，常常拿一些大人物、名人的名字与自己联系在一起，表示自己交友广、有办法，处处表现出成功者形象。所以，他们会成为各种活动中的重要参与人士。他们善于拉近距离，能够和他人进行深入的沟通，是出众的社交高手。跟人在一起，他们常常能成功推销自己、宣传自己，替自己增加知名度。

有时候他们会表现夸大、吹嘘，甚至为达到某种目的而不择手段。其实，真实的他们和外在显露的他们往往有很大差距，真实的他们可能没有表现出来的那个他们更好。

他们做事以目标为本、追求效率，可以接受为达目的而牺牲原则和过程。他们也会开动脑筋寻找快捷方式，因为他们聪明、灵活，而且模仿能力也很强，演什么像什么。但是，对于一些琐事或家事，他们往往不太肯花心思。

外表有魅力，爱出风头，喜欢当主角，希望得到大家的关注，觉得自己值得被关爱，如果别人没对自己付出关爱，就会感觉很沮丧、很生气；态度傲慢、轻率，以自我为中心，把自己的事情照顾得很好，对别人的事就不太在乎，也不太管，很少考虑别人的处境；即使别人帮助了他，他也看不见别人的好，把别人的功劳也放在自己身上,而不觉得这样做有什么不对;非常在意名声、地位,为维持一些外在假象,甚至可以冷酷无情、不择手段;好胜要强,不过为争一口气或出人头地;嫉妒心强,喜欢跟别人比较。

常常在别人面前得意忘形地虚夸自己的能力、才华、背景、家庭、伴侣,自我膨胀得很厉害,有些人更是自恋狂;多嘴巴吹嘘、少耳朵倾听,总是忘了别人也有心声,忽略他人的感觉需要,时常自我陶醉,对人冷嘲热讽;经常刻意保持精神亢奋,给人精力充沛的形象。

**(四)性格深度剖析和心智结构分析**

实干型的人从小成绩就名列前茅。他们的屋里常常贴满了奖状。放学回家后,父母大多会问他们在学校表现得有多好,而较少问他们今天感觉如何。如果自己在学习中表现出色,就会获得父母的称赞,如果表现不好,就会受到父母的责问。他们从小就认为追求成功就一定能取得他人的肯定。所以,他们不需要通过拉拢他人或者融入他人的生活来赢得认可和奖赏。他们总是靠自己的能力得到一切。也因此,他们从小就失去了与自身真实情感的连接,他们做一切事情的出发点都是追求成功和获得外在的肯定,并且会为此不惜牺牲自己的时间和精力。只要是和成功有关系,只要是让外人看起来他们是成功的,他们就乐此不疲。他们没有意识到这样做的后果可能会让外人觉得他们太功利了。但是,他们已经习惯于这样的忙碌。他们为了成就和目标的达成,每天都会把自己的日程安排得满满的，似乎从来不知道疲倦。他们凡事总是想争第一，为此甚至不惜一切代价。他们会一直努力工作，直到自己干不动了为止。但是如果他们不喜欢或觉得某人对自己没有帮助，也会毫不留情，六亲不认。

实干型的人认为这个世界是一个优胜劣汰的世界，他们需要通过实力来证明自己不是弱者，他们希望自己能成为公认的领袖、能得到现实的权力，他们会为此去承诺、去负责。他们希望自己的付出能立刻得到回报，希望自己能获得他人的尊重、敬仰。如果他人不承认自己的能力和事业，不认可他、不尊重他，他就会非常恐惧。所以，他们的焦点总是集中在自我形象和表现上，要让外界看来自己是成功并且非常幸福的。他们的核心价值就是目标和成就，为了达到目标和赢得成就，他们会发挥自己强大的潜能和创造力。虽然他们的情绪智能和创造智能都很高，但是因为他们长期关注成就，所以最终导致自己陷入一种虚假的自我欺骗境地即自我感觉良好，这样做的后果就使自己变得虚荣、爱出风头。但是，当他们发现自己其实不像自己外在表现的那样成功时，可能就会陷入自我情绪中，心灵因受到严重的打击而颓废不振。

正是因为实干型认为要想获得什么就要实干，争取获得成功，所以，他们把大量的时间和精力都投入到了追求成功之中，却忽略了情感等其他方面。他们认为追求成功是唯一的目标，其他都是浪费时间。为此他们也会有苦恼的时候，因为有时候他们在追求成功

九型人格销售经

时也会感到身心疲惫，但是他们可能会固执地认为自己做得还不够好。他们常常以这种努力工作的状态来掩饰自己内心真实的感受，把自己真实的情感压抑在心底。也许他们努力塑造和维护的形象背后是一颗疲惫的心灵，但是他们时常告诫自己不能停下来。他们需要面子，需要让外界看起来自己是成功的。

实干型认为爱的方式就是要尽可能地达到目标，让亲人、友人以他们为骄傲，以他们的成就为骄傲。他们表达爱的方式就是行动，去达到目标，从财富、名声上支持自己爱的人。

因为实干型人几乎把所有的焦点都集中在目标和成就上，所以，一旦他们发觉自己并不如期望的那样成功，并不是自己外露的那样优秀时，他们会发现原来自己一直活在自我欺骗中，陷入自我否定中他们就会很痛苦。他们就会伤心、失望、一蹶不振、自暴自弃、情绪低落，想法很多却缺少行动，做事情不专注、一事无成，充满挫败感。

## 【经典代表人物】郝思嘉

《飘》中的人物郝思嘉，其性格中不仅包含一般的感情，还有着地位感、占有感、权力感、成就感等可以用虚荣概括的东西。在这一作品中，作者成功地塑造了一个实干型女性的形象。

郝思嘉从小就喜欢和两个妹妹争宠，在父母眼中，她是个漂亮、机灵、乖巧的孩子。但是她面对自己的两个妹妹时,就表现得独裁、专制。她在家庭生活中逐渐成长为占有欲很强、嫉妒性很强且又任性跋扈的人格。小说一开始曾这样描写她,"任何一个人数众多的场面,只要有稍长时间不以她为谈话中心,她就忍受不了。"由此可见,她是绝对的以自我为中心的类型。

郝思嘉与艾希礼、白瑞德的感情纠葛构成了全书的主要情节。其实,她不是因为爱某个男人而勾引男人,而是为了战胜某个女人而勾引男人。因为她认为所有的女人都是她的敌人,都是她的竞争对手,因此,她有着勾引每一个男人的冲动。

## 用肢体语言表达出肯定

实干型的人需要别人对他的能力给予充分的肯定,希望别人看到他是优秀的、成功的、强大的,尤其是他在意的人的肯定。

例如,一个实干型的人曾这样描述自己:

我从小就是个会察言观色的孩子。我能随时根据不同的老师来调整自己的表现。例如,当我要上语文课时,我了解到语文老师喜欢爱学习的孩子,所以,我在他的课上总是规规矩矩的,我会认真听课,把笔记做好;等我要上英语课的时候,我知道英语老师喜欢活跃的孩子,所以我总是在英语课上踊跃发言,对老师的话题积极

九型人格销售经

响应，因此我也得到了英语老师的喜欢；而到了上数学课的时候，我会表现出认真思考状，表情严肃，因为我知道数学老师喜欢这样的孩子。结果，每位老师都喜欢我，再加上我学习成绩出色，所以，年年都获"三好学生"奖状。

当然，我的同学也会因此嫉妒我，可是我并不在意，老师喜欢我，全校的学生都知道我是个学习好、品德好的孩子就可以了。有没有朋友，对我来说并不重要。

每当爸妈拿着我的成绩告诉叔叔阿姨的时候，叔叔阿姨就会夸我是个好孩子，说我给家里带来了荣誉，我感到非常高兴。

销售人员可以抓住实干型人的这些特点对其展开攻势，那就是只要对他们表示肯定就有可能促成交易。

销售人员在和实干型客户进行谈话的过程中，可以用面部和双手发出信号，暗示实干型的人，这样就会达到大大改善销售业绩的目的。

在面部延续时间少于0.4秒的细微表情也能显露一个人的情感，能够立即被他人所拾获。面带微笑会使人们觉得你和蔼可亲。人们脸上的微笑总是没有自己所想象的那么多。真心的微笑（与之相对的是刻板的微笑，根本没有在眼神里反映出来）能从本质上改变大脑的运作，使自己身心舒畅起来。这种情感能使人立即进行交流传达。所以，当销售人员在与客户进行交流的时候，面部要保持很自然的微笑，并适时地点头，以示对沟通对象谈话的认可。

实干型人相信自己的能力，相信凭借自己的能力什么都能做成，这样的人是希望得到他人真诚的尊重和肯定的，他们最厌恶的就是他人虚情假意的奉承。因为这样就表示对他们能力的侮辱和否定，他们会因此非常气愤。如果销售人员不能理解他们这样的心理，虚情假笑，客户会非常生气，更不用说买你的产品了。也许有的销售人员会说自己开始对他不了解，不知道他有什么能力。即便不了解他，也不要因此而忽略他，要相信他一定是有能力的，这样才能使自己发自内心地微笑起来。

我们不仅要面带表情，还要灵活使用双手，表达自己对实干型人的肯定。"能说会道"的双手能抓住听众，使他们朝着理解与表达的意思这一目标更进一步。想想人们在结结巴巴用某种外语进行沟通时不得不采用的那些手势吧。使用张开手势给人以积极、肯定的暗示，表明你非常热心，完全专注于眼下所说的事。视觉表达几乎是信息的全部内容，如果和别人交谈时没有四目相投并采用适当的表情或使用开放式的手势，别人是不会相信你所说的话的。

因为实干型人常常喜欢高谈阔论，经常会讲述自己的一些成功经历，这时，销售人员就应该在恰当时机和他们握手，表达相见恨晚的情感，说一些"原来那件产品是你做的，真是了不起"之类的话。这样会使实干型人大大提高自己的荣誉感，会不由自主地把销售人员当成自己的知心人，对销售人员印象颇好。这样，交易就很容易成功了。

有个实干型的人曾经这么说:"价值是个虚无的东西,看不见、摸不到,只有这些物化的钱或者别人的羡慕眼光才能让我感觉到这些价值的体现。"

由此可见,实干型人赚钱的目的更多是为了用它买更多的荣誉和尊严。所以说,只要能够让实干型感受到自己得到了你的尊重和肯定,甚至钦佩,那么他就会慷慨地去购买你的产品了。

## 用共同的目标导引实干型客户

实干型的人把所有的精力都投入到了追求成功上,他们认为人生苦短,时间太短,要做的事情太多。他们不允许自己有半点歇息的时间,休闲对于他们来说就是在浪费生命。他们在即将完成一个目标的时候,就开始设定下一个目标。待一个目标实现后,他们就会紧锣密鼓地开展下一个活动,不给自己留一点儿闲暇时间。他们认为,如果自己的脚步慢一些,就会离成功更远。正是因为实干型的人总是设定目标,把自己所有的注意力都放在实现目标上,所以,只要销售人员能够把自己的产品和实干型人的目标结合起来,销售行为就会很容易实现。

例如,有个叫张杨的销售人员就是利用实干型这一特点,成功销售了自己的产品。

张杨是一家广告公司的销售人员，他们公司将要举办一场大型服装艺术展览活动，正在寻找赞助商。这时他想到了张名夏院长。张名夏是某大学的院长，张杨听说他的服装学院有好几个服装班，如果能和这个学院合作，将是两全其美的事情。

张杨仔细考虑了一下，认为如果张院长同意做这个事情，将会有以下几点好处：第一，他们可以宣传自己的服装学院，扩大这个学院的知名度；第二，这次来的嘉宾有各界服装商，该院可以借助这个机会把自己设计的服装产品卖出去；第三，因为参加者有业内知名人士做讲座，可以让学院增长知识，否则，他们自己聘请这些人也需要花钱，还要提供食宿等。

于是，他开始寻找机会接近张院长。张院长向来是个大忙人，每天的工作安排都非常满，张杨找了好几次，都没有看到他。后来，在一次论坛会议上，张杨终于找到了张院长，并把自己的意见以及合作的一些好处向张院长陈述了一番。张院长听完后，说会尽快给他答复。

没想到他刚一回到办公室，就接到了张院长的电话，说第二天和他在院长办公室就一些细节再进行面谈。

第二天，他们交流后，直接签订了合同，双方都得到了自己想要的结果。

这里的张院长就是一个典型的实干型客户，他明确地知道自己想要什么，当发现条件合适的时候，就毫不犹豫地去干。这个合作非常符合他的目标,所以自然就成交了。

当然,销售人员还可以引导实干型发现产品,向他们阐述这样做可能有助于他们获得更好的成绩。实干型的人在知道这一点后,往往会毫不犹豫地购买产品。

我们来看看以下两种促销语言:

第一种:"这款健身器材功能齐全,有非常强的健身效果,有助于提高人体免疫力。"

第二种:"这款健身器材非常适合您,因为它能帮助您保持体型,能够让您的身材更完美。"

实干型人更愿意听第二种语言,因为实干型人处处争强,非常注重自己的形象,总是向人表现出积极向上的一面,他不允许自己表现出非常颓废的一面。所以,当销售人员提到产品能保持好身材会比他听到有利于健康更具有吸引力。他们即便现在身材很好也会出于对自己形象的重视,害怕形象受损而买一台健身器材的。

其实,说话的内容都是正面的,但是,因为听者关注的方向不同,就造成了不同的销售结果。

由此可见,我们要想把话说到点子上,说到实干型客户的需求上,首先要了解客户的需求。"不了解客户的需求,好比在黑暗中走路,白费力气又看不到结果。"

此外,询问在专业销售技巧上也扮演着极重要的角色,你不但能利用询问的技巧获取所需的情报、确认客户的需求,并能引导客户谈话的主题。询问是沟通时最重要的手段之一，它能促使客户表达意见，继而产生参与感。

当你发觉了客户可能的潜在需求后，就可以这样询问：

"有绿地，空气又好，你认为怎么样？"

"早就想在这种地方居住了，只是一时下不了决心。"

如果你能熟练地使用这种询问方式，客户经过你合理的引导及提醒，潜在需求将不知不觉中脱口而出。一旦你发现了客户的潜在需求，你就可以立即自信、坚定地展示你产品说明的技巧，证明你能满足客户的需求。

## 用品牌魅力打动实干型客户

实干型人喜欢彰显自己的成就，注意塑造自己的成功形象，如果把产品和他们的成功形象连接在一起，告诉他们这款产品代表的是成功和成就，他们就会非常感兴趣。

实干型人都非常重视自己的着装，哪怕穷得里面只有一个破背心和短裤，外面也会穿着笔挺的西服。这种类型的人是不会让自己表现出消极的一面的。并且当这种类型的客户是个物质基础比较雄厚的人时，在力所能及的情况下，他会选择一款品牌好、外形靓丽、售价高的产品，因为这样可以体现出他的身份、地位以及事业成就。

因为客户购买产品的时候是一种非常理性的选择，销售人员要更多地去强调产品可以帮助客户解决的问题和产品可以为客户带来的实际价值。但是如果产品是可被别人看到的，那么除了产品本身之外，客户还会考虑面子问题，这时候客户的购买行为就成了一种理性加感性的选择了。

实干型客户又是最重视面子的人，所以，销售人员为了让客户选择一款带有面子标签的产品，可以从以下方面着手，即告诉他：如果启用一款不带面子标签的产品，就要考虑别人怎么看他，而别人怎么看他又可能会对他的工作和生活带来某种影响，继而对他的形象造成严重的破坏；而如果他用了一款带有面子标签的产品，又可以显示出自己的非凡成就和社会地位，这对于实干型客户来说，是非常受益的。带面子标签的产品中有很多类型，例如，名牌产品就会给足他们面子。

实干型的人是常常光顾专卖店的，所以，专卖店的销售人员一定要注意抓住自己产品的品牌优势来引导客户，例如下面这个例子。

小张："您好，我能帮助您什么吗？"

客户："我想买件大衣。"

小张："您是想在什么样的场合穿呢？"

客户："工作时候穿。"

小张:"看您是个非常干练的人,这种黑高领的款式是最新到货的,是我们这个品牌重点推出的产品。它非常适合您的风格,您一旦穿上它,就更加彰显您这样成功人士的精明干练了。"

小张在言谈中既表示了对客户的尊重和赞美,同时又道出了产品特点和客户需求相符合。如果小张的客户是个实干型的人,他听到小张的赞美之词,了解到这款产品能提升自身气质,就一定会被吸引住,对这款产品产生兴趣。

## 告诉他大家都在用

每个人都生活在人际圈子里,圈子里的人有共同认可的东西,这和品牌没有关系。人类出于从众心理,不想被另类化,就会购买同样的产品。例如,一个办公室的人都喝某品牌牛奶,大家就会一致大谈特谈该品牌奶制品的优点,批驳其他奶制品的缺点。大家因为观点相同会畅所欲言,这样不仅有利于彼此沟通,还有助于营造良好的氛围。而如果你食用的是其他牌子的产品,你可能会说这款牌子的产品很好,这时候就有可能受到其他人的反驳,彼此之间相处就不那么融洽了。并且当你的产品的确不如其他人的产品时,心中就会产生卑微感,对实干型人来说这种感觉尤其明显。实干型的人要处处体现成功者的姿态,怎么愿意输在这方面呢?况且他喜欢得到别人的肯定，又怎么会寻找另类呢？所以，销售人员可以据此采取有效的销售方法。

如果你是一家超市的销售人员，有一些客户是你这里的老客户，那么，你如果说你的邻居某某刚买了这款产品，那些老客户就可能也购买该产品。

如果你是直销人员，那么，当你去一个办公室里的时候，如果打动了其中某一个人购买了你的产品，你就可以稍加引导一下这里其他的人，例如你说："某某都购买了，你也买一样吧，这款很适合你的。"如果对方正是个实干型人，他就会出于不被比下去的心理，即出于面子而购买你的产品。

另外，我们要注意的是，名牌效应虽然能够提高一个人的身份和地位，但是，名牌也有认可的人群。比如李宁的产品都是运动服装，那么作为长期从事一些商务活动、经常穿西服的人来说对此就不会很了解，即便他知道它是品牌，但是因为不经常购买这款品牌，对这款品牌也不会很重视。如果一个商务人士在和他人洽谈时穿着李宁牌运动衣，也不会引起他人的重视。因为周围的人都穿西服，人们更愿意比较西服的品牌好坏。所以说，品牌有时候并不会起到什么作用。

如果是普通大众，他们更愿意知道他人使用的产品，使用在人际圈中大家都熟悉的产品。例如，学生群里，如果一个男生买了李宁产品，其他人都很熟悉这款产品，知道它代表着运动和时尚。

但如果一个男生穿着劲霸男装，也许有的同学根本就不认识这个牌子，说不定还会认为是哪里的低档产品呢。因此，选择一款在自己的人际圈中大家都熟悉的时尚品牌，对增加自己的形象更有帮助。

如果一个销售人员能认识到这一点，并把这种思想传达出去，那么，即便你卖的不是品牌产品，客户也可能放弃品牌去买你的产品。如果你能让他知道你的产品是他们这个人际圈中的高档产品，使用起来很有面子，实干型客户很可能就立刻接受了。

例如，如果你是一个售卖保温杯的销售人员，当一个有书卷气质的人来到你这里选购杯子，经询问得知他是大学教授的时候，你可以向他介绍一些知识分子常使用的杯子款式，最好是比较畅销且档次高的产品。你可以在告诉客户这些情况时加上一句："这样很有面子。"如果他是实干型的人，听了你的介绍后，多半会欣然接受，立刻购买下来。因为这符合他的心意。

如果你遇到了一个同行，那么，你就可以这样说："这款微波炉杯子我们都喜欢用，像干咱们这行的，经常跑外面，带上这个不易破碎，并且还可以随时加热水。这款杯子是这类里比较时尚的产品，别人看了杯子就知道你的素质有多高了。"听到这样的一番话，实干型人一定会使用这款产品的。

## 刺激实干型客户的好胜心

生活中，人们总是会或多或少地拿自己和别人做比较，这种行为在实干型身上体现得更为明显。实干型有很强的争胜欲望，嫉妒心强，常与别人比较。当他们认为自己不如他人时，心中会非常不平衡，甚至沮丧。

小李是一个大专毕业生，他毕业以后进入一家保险公司当业务员。初出茅庐的他想要好好地表现自己，不仅在业务上跟其他人攀比（自己不能成为销售冠军时，就会非常沮丧，之后便会拼命干），还和人攀比生活用品、着装打扮，力求自己在公司中表现出众。但是，她毕竟是刚刚毕业的新人，因为经验不足、人脉不广，所以各方面压力都特别大，搞得自己身心俱疲。然而，她还是不想松口气……

小李就是典型的实干型人，要能打动这种人，很有效的方法就是刺激他们，激发他们的好胜心和竞争意识，让他们最终实现购买行为。

在销售中，销售人员可以先赞美实干型人，打开实干型的话匣子，在进行深入沟通后，通过了解他目前使用的产品来寻找突破口，刺激其购买产品。

例如，一对情侣来购买东西，销售员常常会采用这样的刺激方式，他会笑着打趣说："这位姑娘的包的背带都破了，怎么还不换个新的，您这做男朋友的可不合格哟。"

经过这样一刺激，多半的男朋友会为了不被人瞧不起而购买产品。尤其是实干型的人，他们更无法忍受自己的形象受损，所以，必然会毅然决然地给女朋友购买背包。

总之，销售人员只要找到实干型身上的一点有损形象的地方，并把它和自己的产品构成联系，让客户看到通过购买自己的产品可以弥补他形象中的不足，那么，销售就做到了关键点上，客户就很可能出于自己的形象需要而购买产品。

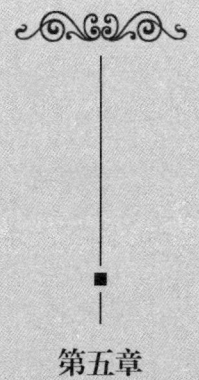

第五章

# 4号感觉型客户：最终极的理想主义者

感觉型的人很多情，具有艺术气质。无论在任何领域，他们都反映出对重要性和意义的追求。感觉型的人情绪化，追求浪漫，惧怕被人拒绝，觉得别人不明白自己。他们能表现出一种超凡的毅力，对处在痛苦中的人表现出最高度的同情心，并愿意全心帮助他们。

# 快速识别感觉型客户

感觉型客户具有惊人的感觉能力,他们的感觉能够整合世间一切毫不相干的东西,并把它夸大、变成自己的感觉。他们做事情的出发点,也是自己独特的感觉而非道理。

他们追求与众不同,认为只有这样才能获得他人的关爱。

认识了感觉型的人,只要了解了他们的特点,我们就能找到销售的突破口。

(一)外表与气质

感觉型的眼神柔情似水,但是他们的眼神不像付出型的柔和,也不像实干型的凌厉、精明,而是包含更多的神情忧郁和迷离。因为他们永远有所思忆,沉浸在自己的感觉中,所以他们的眼神给人的感觉是向内的。有人关注,他们就不自然,自动整理形体,情感夸张和变化快,面容透着感伤,思想总是在游离状态。

他们的衣着最突出的特点就是"特别",他们要么在样式和颜色上和谐搭配,要么在自己的衣着上用一些小饰品装饰,总是显得很有品位和气质。他们并不会追逐品牌,他们更注重衣服能穿出自己的独特味道。

### (二)沟通表现和常用词汇

感觉型和自己的感受接触是最深的,他们注重非语言的沟通,喜欢保持沉默,随意、随心的语言模式常常使他们不会使用精确的数据和理性的判断,而更多的是表达自己的感受和感觉。有时候他们好像没有和他人说话,而是在自言自语。在与人谈话时,他们关注的是语气、语调的隐射与暗示,而不是言语本来的含义。

感觉型的肢体语言表现优雅,谈话的内容常常是围绕自身,注意选择优美的词汇,语调抑扬顿挫,柔和而感性。

常用词汇:很特别,不一样,太,特,浪漫,心情,情绪,味道,独特,创意,约束,品位,味道,我以为,我觉得,创意,约束,特别,等等。

### (三)行为素描和日常生活表现

感觉型人喜欢我行我素,行为独特,不受世俗的约束。容易对别人的批评反应过敏,容易对事情产生误解,爱讲不开心的事,易忧郁、妒忌。因为从现实生活中得不到满足,感觉型人喜欢独处,常常在幻想中给自己建构一个舒适的世界,好让自己的情绪得以发泄出来。别人看来他们很情绪化,喜怒哀乐多变,令人不可捉摸。

例如，有一位感觉型人说他体会到万物的神奇，常与万物相看两不厌，并为此感动流泪。所以，他们容易被孤立起来。

感觉型想象力丰富，常被莫名的事物感动并道出灵性的语言，有时候甚至用幻想来增加自己的情绪，并享受它；富创意及艺术气质，拥有敏锐的审美观，常常被生活中的多样化及不寻常的东西吸引，活得飘忽，像一朵云；常说一些抽象、幻梦的比喻，让别人听不太懂其隐喻；不喜欢做枯燥、单一的工作。

感觉型害羞、内向，陌生的场合总是让他们的行为不自然，他们也很难表达自我，常常表现出不快乐、忧郁的样子，充满痛苦。初次见陌生人时，他们常常表现出很冷漠，神秘而又高傲的样子。常常懒懒散散，生活得不起劲。因为心地善良，所以总不愿伤害别人，但常觉得别人伤害自己，所以爱埋怨。

感觉型人怕失去，喜欢玩"推拉"游戏，情感占有欲强，感情丰富。虽然已经关系亲密，但仍然害怕失去，他们总害怕有一天自己会失去或别人会背弃这份感情，感情很容易受伤。他们是不能自我肯定的人，常常看他人脸色行事，表现自己的娇弱及无辜。

感觉型喜欢谈论关于感觉、感情关系和个人的话题。避免争端和激烈的辩论，因为不希望任何人的感情被伤害。当人们需要情感支持时，他们可以马上知道。感觉型必须在一段谈话结束时，觉得对方喜欢并支持他们，同时认为双方会因有过沟通而变得更亲近。

感觉型人具有最高的敏感度，也能发现每一件事物内在的生

九型人格销售经

命力，因此他们最喜欢用艺术和创造来表现自己的想法。又因为他们很内向、害羞，所以情感的表达及沟通也用创作来表达，这样转个弯的表达是为了隐藏自己，因为他们认为赤裸裸地摘下情绪的面具，是很没面子的事。

（四）性格深度剖析和心智结构分析

在感觉型的成功经历中，总是有被抛弃或者类似的经历，他们因此而感到悲伤。等到他们成年后，这种被遗弃感依然没有消失。他们抓住因为被遗弃而产生的悲伤感不放，总觉得生活孤单。他们有时候是自找痛苦，总是追寻失去的或自己得不到的东西，虽然这种感情是他们无意识的，但还是给他们带去了痛苦。他们眼中总是在关注缺失的东西，注意力总是集中在缺失的美好中。所以他们总是心情忧郁，现实对他们毫无吸引力。虽然追寻的过程中他们很痛苦，但是他们在体味痛苦的时候，还在幻想着下一个美好，所以他们能在痛苦中体会到甜蜜。

在感觉型人眼里，任何事情都带上了感情的面纱，没有一件事是普通的，他们常把普通的事物扩大到不具体的事物，或由一件事联想到其他方面，进而进入到自己设置的哀伤的情境中，孤芳自恋起来。他们不能容忍别人比他的情绪多，常给人一种疏离感。因为他们总是把自己放在幻想的象牙塔里过日子，所以长久下去，他们会把内在的感情世界与妄想的世界结合在一起，去寻求自我讯息，却脱离真正实际生活的轨道，让人们不了解他们。

然而，感觉型人又痛苦于别人不了解他们，感觉自己很特殊，因为不愿和他人有相同的生活方式，就可能表现出自己与众不同的一面，例如他们会把骄傲看成与众不同。他们喜欢参与特别、高贵的团体，做事很气派，怕自己不自然，对细节很注意，在脑子中演了很多戏。因为他们感觉自己与众不同，常常有疏离感，所以，他们在公共场合也会感觉自己很孤单。

感觉型人常常抱有"众人皆醉我独醒"的观点，认为只有自己能够感受人性的真伪，认为自己对人的观察要比一般人更有深度，自以为是一个感情丰富、浪漫、优雅、不媚俗、有品位、有个性而我行我素的人。

感觉型人注重艺术的表达，如果没有通过真、善、美表达，作品是感动不了他们的。因为感觉型的人总是忠实于自己的作品及感情，所以常常忍受不了别人太社会化或太注重传统习性而失去自然的举动（行为）。有时候，他们会坦率地批评别人，这常常让别人下不了台，令人很难堪，进而会引起误会，而这种令人困窘的场面常使别人觉得无趣而不想与之交往。

因为他们总是要么忽略掉，要么向内转移，所以，他们对悲伤的感受特别强烈，并且与众不同。也正因为如此，他们能很容易地体会别人的感受，很容易感受到他人的悲哀、痛苦，所以有很强的同情心及责任感。他们对超然的事有敏锐的感觉，有美的创造能力，有能力把消极的变成美及全面化。他们常把自己带到所做的事上，使自己全身心投入。

## 【经典代表人物】林黛玉

《红楼梦》中的林黛玉是典型的感觉型,她虽然幼年丧母,体弱多病,但出身可谓既有"钟鼎之家"的尊贵,又不乏"书香之族"的高雅。在常人看来她也是有厚福之人,况且她聪慧无比,琴、棋、诗、画样样俱佳,也是让人喜爱的。但她生性孤傲,天真率直。

"两弯似蹙非蹙笼烟眉,一双似喜非喜含情目。态生两靥之愁,娇袭一身之病。泪光点点,娇喘微微。闲静时如娇花照水,行动处似弱柳扶风。心较比干多一窍,病如西子胜三分。"这首词尽现了黛玉迷离、梦幻、病态、柔弱、动静交融的绝世美丽和超凡气质。

林黛玉的小心眼似乎人人皆知,然而我们还应看到,她的小心眼背后隐含的坦诚。在她眼中、心中,容不得微尘,也不记得微嫌。当她对某人某事有看法时,可以锋芒毕露地直陈己见,但这只是就事论事,论过、陈过之后也就丢在了一边。

她有时候表现得很冷漠、孤傲,有时候又表现得柔情似水。她对世间万物都有着独特的深刻见解,对于悲情有着深刻的感受和体验。所以当花谢的时候,她有种同悲之情,进而写出了《葬花吟》。

## 用塑造独特感觉法应对感觉型客户

感觉型人总是给人难以捉摸的感觉，他们完全凭借内心的感受做事，一旦陷入自己的感觉中，就会深陷其中不能自拔，包括购买产品，他们也是根据自己的感觉去选择，他们总会选择让自己感觉与众不同的东西。所以，销售人员只要抓住他们这一点，把销售的产品和独特的审美观点联系起来，让他们看到你的产品中的独特之处，就很可能促成交易。反之，如果你的产品没有给他这种感觉，那么即便性价比高、质量好的产品，他们也不会购买，因为这些优点在感觉型眼中一点也不起作用。

伊利"四个圈"雪糕就是找到了让人感觉独特、有趣的卖点，从而使一款普通的雪糕卖得如火如荼，创造了一年内仅单支雪糕就卖了几个亿的好成绩。这支雪糕至今在不打广告的情况下仍然是中国市场几年来畅销的雪糕之一。

当市场上的竞争对手们都在拼命诉求雪糕多么好吃、多么清爽、多么有营养的时候，当价格战、促销战此起彼伏的时候，伊利陷入了深刻的思考中，怎样才能突破价格竞争，改变伊利冰品的被动困境呢？

经过伊利公司的详细调研，他们发现了一个重大的商机，在问卷调查中，当问及人们为什么买雪糕的时候，有54%的消费者认为是"好玩""独特""有趣""好奇"。因此，他们从雪糕的样式、造型的与众不同上下功夫,最终制造了"四个圈"。当伊利"四个圈"出现在各大卖场的时候,它唤起了消费者内心深处的某种渴望,从而把这种渴望激发为巨大的销售现实!

总结伊利的成功,正如一名主管所说的:"我们不卖产品本身,不卖冰、水、牛奶本身的直接利益,也就是不卖清爽、解渴、营养。我们卖一种感觉,卖间接利益,卖有趣。"产品被赋予了感性的力量,这种力量使产品与众不同!这就是伊利"四个圈"成功背后的运作主线。

由此可见,让客户能感受到产品的独特性有多么重要,这种销售方式对于感觉型客户来说更能收到奇效。那么销售人员该怎么做才能让感觉型客户感觉到产品的独特呢?

销售中我们都比较熟悉的一句话是,"见人说人话,见鬼说鬼话",意思就是要让销售人员懂得见机行事,具体问题具体分析,针对不同类型的客户,只有对症下药,才能取得良好的销售效果。人都喜欢和自己观点、思想相同的人在一起,因为彼此沟通障碍小或无障碍,就会在无形中产生亲近感。例如,豪爽型的客户肯定不喜欢缠绵温柔的表达,文雅的客户肯定不喜欢大吼大叫的说话。一个思想活跃、想象丰富的客户一定不会喜欢和一个思想呆板的人在一起。我们可以想象一下,如果一个感觉型客户在欣赏一个花瓶的时候随口说了句:"这个花瓶像是一个优雅的女王。"而一个没有想象力的销售人员回答说:"什么?这只是个花瓶而已。"如果感觉型人听到这样的话，他就会非常扫兴，交流的大门因此就封闭了。

当一个销售人员遇到感觉型客户时，一定不要让他感觉你很平庸。还拿上边的例子打比方，你可以这样回答客户："我看更像是一个矜持的公主。"或是："嗯，的确是，它有女王那种气度和威严。"这样回答，他定然会对你刮目相看了。

在与感觉型客户交流的过程中，一定要表现出你有气质，最好是摆出自己与众不同的气质，不一定非要高雅，只要适合自己就行。这样感觉型客户也会感到非常惊讶，他们就会认为销售人员是与众不同的，那么销售人员的产品也一定会有独特的魅力。

当然，在和感觉型人交流的时候，他们的话和感觉有时候会让人听不懂或不理解，这个不可避免。因为感觉型人本身是感性的人，他们很多时候都沉浸在自我营造的感情气氛里，而这感觉有时候的确使人无法理解，但是我们要相信他们的情绪是真实的。虽然你不能理解，但你还是应该去密切配合他们，让他们感受到你的支持，感受到你对他们的重视，如果他们觉得你够了解他们，你再对产品的独特之处进行富有感情的说明，引导他们充分想象，那么，他们就会越来越觉得这个产品与众不同了。

## 品牌联想，塑造产品认知

所谓的品牌联想，就是客户看到一种特定品牌时，从他的记忆中所能引发的对该品牌的任何想法，包括感觉、经验、评价、品牌定位等。

德国品牌学专家韦尔德曼形象地把品牌联想比作一个在大脑中播放电影的过程。不同的产品联想就是一部不同的电影，我们就可以把抽象的品牌概念具象化成为一个很形象的东西，把品牌与存在的"精神电影"联系在一起，并且它只在您的产品上反射特有的价值。

例如，当我们进入肯德基等快餐店的时候，会被其中快捷的氛围包围。肯德基的文化氛围让我们感觉到自己是这座城市中忙忙碌碌的一群，我们不由得速度变快了，好像要和这种氛围相融合。肯德基的产品也都是便于携带的，它的产品让我们能体会到匆忙的感觉。有人就非常着迷于这种感觉。对于中国客户来说，吃肯德基也是一种时尚，它给你戴上了一层符合潮流的外衣。总之，与中国的传统菜馆相比，它给你带来了不一样的风格和特色。正是这种独特的风格，让人喜欢上了肯德基。

把消费者的头脑想象成一个巨大的电影档案馆。一旦想起某个提示词，就会在头脑中放映相应的电影。设想一下，你去一个古玩商店，很欣赏两个法国的古代五斗橱。第一个在视觉上比较好看,而第二个则与产品的联想有关。据说它是法国大革命时代的物件,在一个法国贵族世家的宫殿里摆放了几年。您买哪一个呢?也许是第二个,因为他开启了消费者丰富的联想:您可能神游十八世纪八十年代的法国,想到了在法国的宫殿里,优雅的贵族,华丽的陈设,一个家族在法国大革命时不得不东躲西藏。相反,第一个五斗橱所起的效应就如同一个普通的家具一样,由木材、漆花纹组成的。您只看到了这个产品本身,没有更多的内容。品牌联想创造了隐性的评价,影响了购买的动机。

美国企业顾问杰克·特罗特和阿勒·里斯在他们的经典著作《定位》中记载的一个案例:当时的目的是把大家还很陌生的牙买加岛推向市场。牙买加虽然提供了很多具有吸引力的优越条件,但和加勒比海的其他岛屿相比,却没有特别显著独到的地方。市场营销专家们启动了消费者头脑里的精神电影夏威夷,与牙买加联系在一起,解决了这个问题:"牙买加是加勒比的夏威夷",这就是新的定位。这时在消费者的头脑中出现的是什么?提示词"夏威夷"打开的画面、见识、经验和期望,都被转移到了牙买加上。牙买加突然在人们的头脑里有了一个很高的隐性增价。因为牙买加确实能提供如同夏威夷一样的特点:常年的阳光、长长的沙滩、很多的高山,等等。其实,制作牙买加战略的专家们只是简单地借助了另一个岛屿最重要的品牌价值。多年来,夏威夷为推销自己投入的几百万美元,现在都用在了牙买加身上。牙买加开始变得知名。

这就是品牌联想，这种方法对于富有丰富想象的感觉型客户来说更是非常独特，他们会被深深地吸引住。

## 主动帮感觉型客户做决定

因为感觉型人感觉到生命的跌宕和不平凡，但同时他们的生命总是存在着一丝遗憾，在做一些决定的时候也往往会摇摆。所以，当感觉型在购买产品的时候，他们也会有这种摇摆不定的现象，这时候，你就要站在他的立场，帮他选择一件产品，告诉对方自己真实的感觉。其实他们也希望有个人能给自己提出建议，这样他们就不必花太多时间做太多变化，这样也能使他们天马行空的创意获得贯彻和落实，而不是不断变化。

经验丰富的销售人员善于帮助客户拿主意，以促成对方下订单。这方面的销售技巧有以下几种：

（1）"二选一"提问式：不管此时客户是否已经决定购买你的产品，就当他已经决定了。然后，你提出的问题全都要采用"二选一"的方式，促使他下决心。

比如，一名销售人员可以对客户说："你喜欢白色的还是喜欢红色的呢？"或者说："你是付现金还是刷卡呢？"诸如此类的问题不管他怎么回答，都能促成购买。而且不管他怎样回答，其实都起到了帮他打定主意的作用。很多情况下，经销售人员这么一问，原来犹豫不决的客户似乎就真的找到了自己所需，就可能做出最终决定。

（2）帮助抉择：有许多客户即便做出了购买决定，也不当场表态，喜欢给自己留一个"犹豫时间"。在这段时间里，他会东挑西拣，一会儿对颜色、规格感到不满意，一会儿可能对价格、交货日期有些不放心，转来转去，结果就可能是本来已经决定了的事情反而产生了怀疑，最终放弃购买。聪明的销售人员看出这种苗头后，这时候重要的不是促使他赶快决策（否则反而会坏事，加重对方怀疑），而是帮助他做出决策。例如，帮对方一起挑选，搬运，比较颜色、规格、价格等。一旦这些问题解决了，购买行为就能水到渠成了。

（3）吊对方胃口：人都有这样一种心理，越是得不到的东西越感到珍贵，越想拥有，越想早些购买。这种感觉，对于感觉型客户来说更是非常强烈。所以，销售人员可以利用这种心理来吊足客户胃口，让他感到"过了这个村就没有这个店"了。

例如，客户想购买某件商品，销售人员就可以故弄玄虚地说："这个商品就只有最后一个了，短时间内恐怕不能到货。如果您需要，最好能早些定下来。"或者可以提醒客户："我们的优惠促销到XX号就要结束了，过了这个时间，价格就要恢复到原来的水平，请您自己尽快打定主意。"

嘴上说请客户打定主意，内心实际上是促使他拿主意。还比如，客户明明对产品有兴趣，可是他优柔寡断，迟迟不能作出决定，这时候你就可以装作一副要暂时离开的样子，促使他赶快作出决定。

（4）少买一些：有些客户想购买某件产品，可是又因为对产品缺乏信心而犹豫不决。这时候，销售人员可以建议客户先少买一些用用看，如果好，下次再多买，这种方法虽然降低了销售额，但如果你的产品质量好，客户下次就可能大量购进。再说，数量再少总比没成交要强啊。更重要的是，你的这种建议会被客户看成是为他着想，反而会促使他打定主意购买。也许他本来不想买的，现在听了你的话，可能就会买点；本来就想少买点的，现在可能会多买点。这种情况是常有的。

（5）不要说"不"：当客户所需要的某件商品正好缺货或根本不经销时，销售人员可以通过反问对方的方式来达成促销，帮助对方下定主意。

例如，客户问："你们有甲商品吗？"这时候销售人员就可以反问："真抱歉，这件商品刚卖完，不过我们还有乙、丙、丁商品，它们的价格和档次都和甲差不多，这其中你喜欢哪一种？"

这里故意不说没有甲商品，而是赶快转移话题，通过另一种表达方式帮助客户作出决定。不说"不"已经成为某些行业促销人员的一条纪律。

# 让客户产生同理心

感觉型人是非常感性的，他们心地都很善良，我们也一再强调了他对身处痛苦的人具有非常强的同情心，所以销售人员可以打感情牌，唤起客户的悲悯之情，让客户同情，这样也会促成感觉型人购买产品。每个客户都有足够眼光看得出你是真心实意地关照别人还是功利性太强，也能看出你是真正站在客户的角度想问题还是站在售卖产品的角度说话。

只要销售人员是敢于对客户掏肝掏肺、实事求是、客观公正、耐心讲解产品或服务的业务员，要做成单是不太困难的。

不妨想一下，如果你是一位客户：当你花上一个小时时间认真听了一位本分忠厚、善解人意的专业销售员为你介绍他们的产品时，你会获得哪些好处。你能感到这位销售员是多么希望和你合作。因为他客观而非夸张的讲解对你做出购买决定是有绝对帮助的，作为客户的你也许会内疚——我听了人家这么多到位的介绍却让人家两手空空。此时，你的同情也许会让你做出购买的决定，达到双赢的合作。

客户来到店里是为了购买产品，他希望自己买到的产品物美价廉，所以他会尽力去讨价还价。如果讨价过程中，销售人员处理得好，让客户意识到销售人员已经给客户让价了或者商家规定没有办法再降价，那么，客户就可能出于理解和同情，不再去要求降低价格。但是，如果销售人员处理得不好，则会把这件事情搞成矛盾。

客户甲："你这件衣服我穿着也不是很合适，颜色太艳了，你这个大概能多少钱给我？"

销售人员乙："我们这里是不打折的，你没看到门口上写着不打折的吗？"

客户甲："这件衣服太贵了，如果再便宜点我就买了。"

销售人员："便宜不了，要不你去别的家看看吧。"

这段话里，销售人员虽然介绍了实际情况，但是语言比较生硬，让客户感觉很不舒服。

如果把语言改一改，也许会收到另一番效果。

客户甲："你这件衣服我穿着也不是很合适，颜色太艳了，你这个大概能多少钱给我？"

销售人员乙上前帮客户甲整理一下衣服领子，拽拽衣服袖子，然后说道："这件衣服的颜色正适合你的肤色，显得您特别白净。我们这里的衣服都是明码标价，不打折，这是商家规定的，我们也没有办法。不过，这件衣服您买一定值，这料子是法国羊绒的，款式也是新的，这个价已经很实惠了。"

客户甲："就是感觉挺贵的……"

销售人员乙："您就放心买吧，我也希望我这里多有回头客，帮我多销售一些，咱们都不容易，我们不会把衣服卖给不适合的人的。"

客户甲："真的这么适合我……"

销售人员乙:"大姐,您就别迟疑了,您就放心吧。"

客户甲:"那好吧,我买了。"

销售人员在说这些话的时候先是赞扬客户几句,然后用诚恳的态度和客户说了自己为难的地方,获得了客户的理解和同情,客户就打消了再去讨价还价的想法,把注意力集中在衣服是否适合自己上。然后,销售人员再稍加帮她肯定一下,客户就决定买下了。

其实,有时候客户并不在意产品的价格,而只是习惯性地去讨价还价,这时候,只要销售人员能够稍加使用语言技巧就可以做成买卖。

例如表达自己的辛苦,销售人员可以这样说:"现在物价多高啊,让我们也吃口饭吧。"然后摆出一副可怜的模样,博得对方同情。这时,感觉型客户心里会感觉很难受,就会对你产生同情,一旦同情心理产生,他们就会尽自己最大努力去帮助他人,他就更不会再好意思跟你讨价还价了。

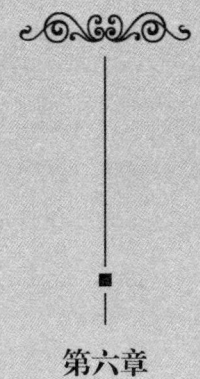

第六章

# 5号观察型客户：始终需要独立的空间

观察型的人不喜欢与人靠得太近，总是和他人保持一定距离。他们喜欢不干涉、不参与，只是观察。他们需要有属于自己的独立空间，否则就焦虑不安。这种类型的人对让自己置身于众目睽睽之下的接触非常敏感，所以，他们总是远离可能要被他人评判的活动。

## 快速识别观察型客户

观察型客户总是站在旁观者的角度去考虑问题、分析问题,他们具有超强的分析能力,能洞察各种细微事物的内在;他们都拥有渊博的知识,总能说出惊人之语,是生活中的智者。观察型人喜欢刨根问底,喜欢自己独处,不喜欢在大庭广众之下被关注。他们是神秘的,很注意保密工作。总之,他们如精灵一般,有优点也有缺点。

认识了观察型的人,了解了他们的特点,我们就能找到销售的突破口。

### (一)外表与气质

观察型的人气质斯文、书卷气,是标准的书生模样;他们的眼神都比较空洞,不带任何感情色彩,好像是要穿越物体本身看到真相一样。他们一般很平和,没有攻击性,但也不会游离,淡然冷静。他们的身体多向后倾，语调平淡，双手交叉胸前，跷腿；面部表情冷漠，皱眉头，有时候表现出很哀愁的样子，有时候保持静默，思想游离。

观察型人的着装比较随意，不注重外在形象，一般多是中性的、不显眼、样式简单的衣服，价格也是非常便宜的那种。他们很少更换衣服的款式，也很少会主动穿自己不经常穿的衣服，但是如果他们被迫接受了，就会慢慢喜欢并不再更换。有品位的观察型会一直穿着某一品牌的衣服，有的人甚至终其一生也不会更换。

他们不喜欢张扬，不注重外在的物质形式，而注重精神层面的东西。

（二）沟通表现和常用词汇

观察型的说话方式非常理智，喜欢给你讲道理；刻意表现深度，兜转，说话通常缺乏感情，声音很小；说话较少使用"你""我"这类人称用词，表达像讲课一样，可能会有好为人师的感觉。

观察型在和他人交谈的时候，喜欢双手交叉在胸前，身体习惯性地向后倾，一副为人师的样子；他们不愿意行动，动起来显得非常笨拙迟缓；在和他人沟通时，面部表情通常很少变化，观察时头部转动。

观察型喜欢静静地倾听他人说话，不喜欢说话，但是，一旦发言，就会谈吐清晰，层次性和逻辑性非常强。

观察型人的语言中常常使用的词汇是一些中性词，一般比较客观，不掺杂个人感情，他们谈吐中会表现出自己博学多识的一面，说话通常很专业，并把事情条分缕析。

观察型人常用词汇：我想，我认为，我的分析是，我的意见是，我的立场是，等等。

### （三）行为素描和日常生活表现

观察型的人常常观察身边的事，但很少参与，感情投入非常少。所以，观察型人是感情的旁观者，是100%用脑做人的，是不懂感情的。他们也不喜欢群体运作，不喜欢遵守规则，而喜欢独立思考。他们好分辨，很执著，却少有被辩输的空间和量度。他们是很冷静的人，总想跟身边的人和事保持一定的距离，也不会乱发脾气和乱发泄情绪。很多时候，他们都会先做旁观者，后来才投入、参与。他们需要有充分的私人空间和高度的隐私，否则他们会感到非常焦虑、不安。观察型人不喜欢亲密的身体接触，你上前一步，他就会后退一步。他们也不喜欢被人爱或是去爱人，因为他觉得有爱就有可能会被伤害。他们善于观察，有超于常人的洞察力。

他们事事都会从理性角度分析，做事都是在深思熟虑后才开始行动。他们也能了解对方的感受，但是总习惯理想地处理事情，是典型的"清贫书生"型，不苛求物质、官能刺激，没有太大欲望，对衣食住行也不太重视，不追求享受，只追求知识，给人勤俭、吝啬之感。

在与他人沟通时，他们更在乎精神上的沟通，如果说话不投机，就会很少说话；如果有兴趣便会滔滔不绝，甚至主动找别人聊天。当对方在话中有独特见地时，很容易被吸引。当然，如果他们发现对方身上没有自己寻找的新知识，态度便会冷淡下来。观察型人通常认为社交场合很肤浅，没深度，没研究价值，宁愿不出席社交活动，"单独，但不孤独"，一个人时会很舒服，只要有书在手，能吸收知识会很开心。他们不善社交，沉默寡言，非常害羞，不会主动和他人打交道，好像也不是很关心别人的样子，一般会给人很冷血的感觉。他们的理想社交就是"君子之交淡如水"。

他们不断地吸收知识，并进行认真思考和分析，他们对知识有狂热的追求，认为只有拥有足够的知识做武器，才能成为一个有用的人。他们通常愿意思考而迟于行动，但是一旦他们找到了自己真正的兴趣，便会全身心投入，不断地搜集相关资料，务求360度全面了解。因为他们非常注重知识的积累，所以他们很有机会成为专家，例如电脑、漫画、时装等，因为他们对知识是非常热爱的！他们最喜欢做理论性和逻辑性强的工作。工作越复杂越好，而且最好没有时间限制，也没有人管。他们具有创意和革新精神，也鼓励别人放弃陈旧的观念。

**（四）性格深度剖析和心智结构分析**

幼年时的观察型就没有从父母或长辈处得到稳定的感情，他们很希望得到可以值得信任的关爱及安全感，但得不到，长期下来，失望之余心里就会害怕。为了求生存，他们研究如何跟环境妥协，所以他们要收集资料，开始用知识来武装自己，因此他们具有很强的求知欲。他们在做事情之前总会先收集大量资料，当不知道事实与数据间到底有多少距离时，就会觉得不安全而不敢行动。此时，他们会再去寻求事实的资料来核对现有的书面数据，求证过后再行动。所以为收集数据、分析数据、决定行动，他们投入大量的精力。

他们向来具有隐秘被偷走的不安全感，所以非常注意保密，过着隐居的精神生活。独处不会让他们感到孤单，他们的活力来自于独处。他们总是自己去做自己感兴趣的事，不管有没有人支持。

他们可能在幼年受到了太多的家庭干扰，出于排斥心理，会把自己的感情封闭起来。把感情抽离之后，他们感觉自己不再受感情的困扰，做起事情来非常轻松，因此他们习惯没有感情的生活。他们对任何事物都表现出可有可无的态度，淡然看待一切，欲求非常少，因为他们怕被束缚、被干扰。他们坚持个人空间和不被干涉。对于周遭的一切，他们完全从收集的资料中去分析、了解。对不了解的事，带给他们的是不安全感，所以终其一生，他们就是想获得更多的知识，使每件事都能了如指掌，也好在面对时知道如何去反应。

观察型属于思考型的人，总和冷冰冰的数据在一起，就像计算机一般。可惜思考型的人并不是机器，他们仍是人类，仍然有七情六欲，可是因自己不大会与人交往，不了解别人的情感，别人也不知如何与他们相处。如此恶性循环下，他们会更孤独、更空虚，而为了逃避孤独和空虚，他们继续用资料、学问来填塞它。

## 【经典代表人物】巴菲特

沃伦·巴菲特（Warren Buffett），全球著名的投资商。

巴菲特从小就喜欢挣钱的游戏，比如他5岁时就在家中摆地摊兜售口香糖。稍大后他带领小伙伴到球场捡大款用过的高尔夫球，然后转手倒卖，生意颇为红火。上中学时，除利用课余做报童外，他还与伙伴合伙将弹子球游戏机出租给理发店老板，赚取外快。他喜欢思考钱的问题，还喜欢看这方面的书，后来他自己做生意挣钱的经验越来越丰富，变成了相当精明的商人，但他绝对不会为别人投钱，只会为自己投。他对股东绝对诚信，给股东尽量好的回报。

在他的自传《滚雪球》中，我们还可以看到他自理能力很差，需要妻子照顾，帮其收拾房间，打扫卫生。小时候社交能力不算很好，长大结婚后在他妻子的引导下慢慢好了一点。

巴菲特很少让子女乱花钱，表达对子女的爱也是非常含蓄的。例如他的大儿子豪伊说，靠父亲养活比打仗还难。但经过巴菲特的教导和以身作则，豪伊对父亲还是充满了尊敬和佩服。

## 自然地接近观察型客户

观察型客户就像是居住在深山里的隐士,他们非常注重自己内心世界的宁静,希望自己的精神处在绝对自由的状态。当他们进入陌生环境的时候,会担心被外界环境干扰、控制,所以防御心理非常强。一旦他们感觉到压力,感觉到他人闯入了自己的空间就会非常恐惧,他们首先会通过后退和隔离的方式保护自己。作为销售人员,接近客户这一步要非常谨慎,这是店铺销售的一个重要步骤,也是一个很有技巧的工作。如果这方面做得好,不但可以拉近和观察型客户的心理距离,而且还可以尽快促成交易;反之,未开口便吓跑了观察型客户。

3米距离原则是指在客户距离自己还有3米远的时候就可以和客户打招呼,微笑,目光接触。这个距离会让观察型客户感觉很舒服,没有被侵犯或被压迫感。观察型客户非常敏感于他人的非语言动作,如果你对观察型客户不理不睬,没有表现出热情欢迎的样子,他们就会因为不了解周围的环境或对销售人员很陌生而觉得没有安全感,会令他们很不舒服。这样就可能把自己封闭在自己的世界里,使之后的沟通出现困难,或者直接逃走。销售人员如果能够在观察型客户刚刚进来的时候适当地表现出热情态度,就会使观察型客户感觉到亲切,防御心理就会大大减少。

现在有很多销售人员会喜欢用"请随便看看"来代替"欢迎光

临"，却不知这句"请随便看看"的欢迎语会给客户输入一种"看看就走"的潜意识，观察型客户对这种意识会更加敏感，并且会不自主地加强这种暗示，由此会很快走掉。我们打个比方说明一下潜意识对人心理产生的影响。当你在清晨一觉醒来的时候，如果对自己说一句："今天我心情很好，我是一个快乐的人。"那么你一天可能都很快乐。之所以出现这样的结果，就是潜意识在对人起作用。所以，销售人员一定要小心说"请随便看看"这句话。

不要过分热情。大家可能都会有这样的经历，有时候我们去逛专卖店或去商场购物时，通常会碰到一些过分热情的销售人员，他们会大老远就和你打招呼，当你走进他们的专柜时，他们更是尾随而至，寸步不离，并且喋喋不休地开始介绍他们的服装如何如何。作为客户来说，喜欢有一种宽松、自由的购物环境供自己观赏和挑选，销售人员不分青红皂白地介绍反而会让客户感到一种无形的压力而想趁早逃之夭夭。这种过分热情对于观察型人来说更是大敌，他们会非常气愤有人侵犯了他们的自由空间，所以销售人员在对待客户时切忌过分热情。

要给客户自由的空间和时间进行商品挑选并不意味着销售人员对客户不理不睬、不闻不问，关键是要找准出击的最佳时机。销售人员要和客户保持恰当的距离，用目光追随客户，观察客户的行为、举动。一旦发现机会，就可以迅速出击。那么，什么时候是出击的最佳时机呢？大概有以下几点。

（1）当客户驻足在某件商品前，并且停留的时间稍长或者在走动的时候突然停下脚步时，就表明客户对某件产品产生了兴趣，这时你不妨走上前去。

（2）当客户仔细地打量某件商品，并仔细查看产品标签上的品牌介绍、价格、产品成分，这就表示他有这方面的需求，有购买欲望，这时候你可以走上前去。

（3）当客户看着产品又四处张望时，说明他想要找销售人员帮助，这时候你一定要不失时机地走上前去。

（4）当客户主动提问时，说明客户需要帮助或介绍，此时你就可以帮他答疑解惑了。

需要注意的是，我们在走上前去的时候，也要和客户保持1.5米的最佳距离。

当我们有机会走近客户的时候，就已经离成功销售近了一步了。如果销售人员能够得体地和客户进行交流，那么就会进一步拉近彼此的距离。当销售人员走近客户时，可以通过这几种提问方式和赞美语言来拉近和客户的距离。

"您好，有什么可以帮您的吗？"

"这件××很适合您！"

"请问您穿多大号的？"

"您的眼光真好，这是我们公司最新上市的产品。"

这些恰当的提问和非空洞的赞美之语会让观察型人心里很舒

服。切忌在提问的时候问及个人隐私,这是观察型人最不愿意遇到的情况。

观察型客户都比较腼腆,行动迟缓,在之前的铺垫下,如果观察型客户没有走,就说明他已经接受了这家店铺,并且对衣服产生了兴趣。所以,此时销售人员应该主动热情地引导他选择,帮他试穿,如果他没有感觉不太好,通常都会购买。有数据表明,68%的客户试穿后会购买。其实观察型客户对外在形式并不是很挑剔,只要符合了他们内在的要求,一般都会购买。

## 一定要尊重观察型客户的隐私

观察型人在自己的心里构筑了一道防线,他们需要充分的私人空间和高度的隐私,否则就会觉得很焦虑、不安定。有一些夸张的朋友,在他享受个人时光时,甚至连他的老婆给他送杯水都会被赶出去。到了一个陌生的环境,他们不仅会十分谨慎,更会非常警惕,所以你一定要尊重他们的界线,如果你必须跟他们谈话,要事先告知他们。

有这样一个例子:保健品销售专区,一位40岁左右的知识女性在认真、仔细地挑选保健品。

销售人员:"大姐,您好!买保健品?"

客户不答话。

销售人员:"是自己吃还是送人的?"

客户还是不答话。

销售人员:"大姐,您看这盒西洋参口服液卖得挺好的,大品牌,真材实料,吃了有效果,也放心!"(见客户的眼光落在西洋参口服液上,销售人员随即介绍。)

客户持续无反应。

销售人员:"大姐,要不您看看这个产品,×××,养心健脑、延缓衰老,特别适合像您这样工作压力大的知识分子服用!"(销售人员拿下产品,递给客户。)

客户:"哦……"(终于开口,接过产品。)

销售人员:"您看配方,西洋参、三七、五味子、维生素E,每种都是珍贵补品!对于头晕、失眠有很好的作用!大姐,您平时睡眠好吗?"

客户放下产品,无表情无语言,离开了保健品专区。

销售人员心里自言自语:真难伺候,半天不说一句话,一看就不是来买东西的!

其实,这名客户就是典型的观察型客户,这名客户一副知识分子的样子,表现出:冷静,不喜欢说话,很难让人看懂,不太容易向对方表示友好,敏感等特点。销售人员虽然很热情但是他却没有获得观察型客户的好感,原因在哪里呢?首先我们分析一下,观察型客户的确是想要买保健品，也想要得到介绍和帮助，但是销售人员的语言条理不够清晰并且没有说到客户最关心的数据、资料分析等内容，没有清晰地介绍产品，所以自然打动不了客户。这些还是轻的，更严重的是，销售人员问到了客户最敏感的问题，就是他们的隐私，他们是最不喜欢别人探究其隐私的，所以，销售人员"大姐，您睡眠好吗？"那句话明显不妥！

其实销售人员可以这样说，来避免探究到客户的隐私。

销售话术改进：如果在客户接过产品后，销售人员用有条理的语言给其介绍产品，（其一，您看配方：西洋参、三七、五味子、维生素E，科学配伍；其二，西洋参的作用……三七的作用……五味子的作用……其三，各成分相互协调，先清后补。）且不探究其隐私，（对经常出现头晕、睡眠不足的人有很好的调理作用。）用理性分析和尊重给客户留下好感，则客户有可能提问。（先清后补？先清什么？后补什么？）当客户有了问题，让观察型客户自己开口参与到对话中，那么，销售就已经成功一半了。

## 给他们单独做决定的时间

观察型人往往适应环境比较慢，在购买产品的时候考虑得比较详细，所以需要稍长一段时间才能决定购买产品。在这个过程中，他们需要没人打扰的自由私人空间，来使他们根据自己的判断作出决定。所以，当客户说"我需要更多的时间考虑一下"的时候，你该怎么做呢？传统的销售方法一般都是教你现在马上就促成销售行为的达成，就是要让你能够克服客户所考虑的任何问题，然后"趁热打铁"。

但是，如果你想要给客户留下好印象，并希望他能够在之后经常光顾你的店，就不要想得太急躁，太多过度的推销只会使客户觉得你太激进。当他觉得你过分激进时，可能就不会相信你，甚至会产生反感，最终导致无法实现销售行为。

但是，销售人员确实想要保持并把握与客户能够实现交易的机会。所以，是不是有一种做法既能够保持与客户之间进一步增进感情，促成销售，而又不会表现得过于激进呢？

事实上，当客户说"我需要更多的时间来考虑一下"的时候，他或她其实并不能确定从你这里购买是不是一个好主意。所以，在这个时候，你可以做两件事，来进一步帮助客户确认这件产品对他的适应度，增加他的信任，进而促成销售的达成。你可以问他：

"对于目前我们所讨论的问题，对您来说感觉哪些部分是最有价值的？"

"您觉得我们接下来应该做什么？"

第一个问题是再次强调什么对客户具有吸引力，以及让客户阐述他自己的想法。如果客户发现你的产品对于他来说实在是没有一点吸引力，这就有可能是因为他没有在产品中发现自己的需求所在，或者说这个客户也许就不是适合你们产品的客户。

第二个问题有助于促进事情的发展而不显得过于迫切。客户也许会寻找其他的"证据"来证明产品的价值，比如说试用，与你以前的客户进行交流，又或者用其他的方法和途径来审查你们的产品和服务。这样做的原因是很值得销售人员理解的：客户不会只是单纯地相信你所说的话，他还必须要看见你是如何做事的。

通过提出以上这两个问题，我们就可以知道怎样通过一种让客户感觉到很舒服的方法来促进交易的达成。有时候，客户也许没有一个很明确的想法来回答这些问题。在这类情况下，只要再给客户二到三个不同的选择，带领他们思考并回答问题，促使客户更加信任产品，引导他们制定出他们自己满意并且也让你完成销售的购买决策。在这个过程中，销售人员的心态非常重要，要有一个端正的心态，面对观察型人要保持轻松的态度，让他自然地循着你的引导前进。注意，不要试图去问一些想要改变对方做法的问题，而是要用征求对方意见的语气和提问进行沟通。

当他发现自己的空间受到尊重的时候，他会非常高兴，会主动和你接触，和你交流。

## 向观察型客户多做请教

观察型人天生喜欢追求知识,对很多事情会比别人了解得多而且更为深远,比如了解某一本书,他还会留意这本书有多少个版本以及每个版本的特点。同样他在准备要买什么东西的时候,往往也会事先对所购买的产品进行详细的了解,他会收集大量资料,全方位地去分析、研究所购买产品,这样他才会胸有成竹地去购买。往往不用等销售人员介绍,他就已经知道这款产品的各种功能了。

有个观察型客户,在买一套音响设备前,对其相关的品牌、材质、工艺流程、技术规范、历史演变、产地特色、售后服务等都做了非常详细的了解,以至于等他去购买时,对此款产品的了解已经远远高于售货员。这不仅让销售人员吃了一惊,也使得这个客户得到了一个好价格。这就是观察型人的一般表现,有了知识的武装,他才会感觉更强大,更有安全感,所以他对于每件事情,都想找出其脉络与原理,然后把它当成行动的准则。

当销售人员发现这个客户对产品都很明白了,不要诧异他怎么什么都懂,也不要困惑拿什么来吸引他购买。你可以真心诚意地赞美并肯定他所了解的知识,把客户当作自己的老师。观察型人对知识有着非常强的获得欲望,他以自己拥有更多的知识而骄傲,所以,当他听到他人对自己所掌握的知识表示肯定时,会非常开心,会对销售人员产生好感。销售人员可以通过请教他擅长的方面,让

九型人格销售经

他有充分发挥的余地,让他大谈特谈,然后再不失时机地送上崇拜的眼光和肯定的语言,这就会让客户感到极大的荣誉感,心情会非常舒畅,对销售人员的戒备心理自然就会消除。这样,销售人员成功销售产品的几率自然会大大提高。

下面这个销售员就成功地运用这种方式促成了交易,让我们仔细品读一下。

亚伯特·安塞尔是铅管和暖气材料的推销商,多年以来,他一直想跟布洛克林的某一位铅管承包商做生意。那位铅管承包商业务做得非常大,信誉也出奇地好。但是安塞尔一开始就吃了很多苦头。因为那位铅管承包商是一位喜欢使人窘迫的人,他以自己的粗线条、无情、刻薄而感到骄傲。他总是坐在办公桌的后面,嘴里衔着雪茄,每次安塞尔打开他办公室的门时,他就咆哮着说:"今天什么也不要!不要浪费你我的时间了!走开吧!"

但是有一天,安塞尔先生试了用另一种方式,通过这种方式,他和这位铅管承包商建立了生意上的关系,并且还成为了朋友,当然,还从他那里得到了可观的订单。事情经过是这样的:安塞尔的公司正在商谈,准备在长岛皇后新社区办一间新的公司。那位铅管承包商对那个地方很熟悉,并且做了很多生意,所以,安塞尔去拜访他时就说:"先生,我今天不是来推销什么东西的。我是来请你帮忙的。不知道你能不能拨出一点时间和我谈一谈?""嗯……好吧。"那位承包商说,嘴巴上依然叼着雪茄,只不过这次转了一个方向，"什么事？快点说。""我们公司想在皇后新社区开一家公司，"安塞尔先生说，"你对那个地方了解，所以我来请教你对这里的看法。这里是好呢，还是不好呢？"

情况有些不同了！多年以来，那位承包商向推销商吼叫、命令他们走开，今天这位推销员进来请教并征求他的意见，一家大公司的推销员对于他们应该做什么，居然跑来请教他，这使他觉得自己很重要。"请坐，请坐。"他一边说，一边拉来一把椅子。接着他用一个多小时的时间，详细地解说了皇后新社区铅管市场的特性和优点。他不但同意那个分公司的地点，而且还认真分析了购买产业、储备材料和开展营业等全盘方案。他从告诉一个怎样去展开业务的批发铅管公司那里得到一种成为重要人物的感觉。后来，他又把和安塞尔的谈话扩展到私人方面，逐渐变得非常友善，并把家务的困难和夫妇不和的情形也向安塞尔先生诉苦一番。

"那天晚上当我离开时，"安塞尔先生说，"我不但口袋里装了一大笔初步的装备订单，而且也建立了坚固业务的友谊基础。这位过去常常吼骂我的家伙，现在常和我一块儿去打高尔夫球。这个改变，都是因为我请教他帮个小忙，而使他觉得自己有一种重要人物的感觉。"

孔子说："人之患，在好为人师表。""好为人师"，是人性的一个弱点。其实，这只是人类天性中最高贵的自尊心。每个人都希望能得到他人的尊重和敬仰，无论是伟人还是平民，是老人还是稚子。法国大作家罗曼·罗兰说："自尊心是人类心灵的伟大杠杆。"只要你能满足对方的自尊心，也就掌握了对方。推销员亚伯特·安塞尔说服一个顽固的客户改变了态度，其实，他并没有采取什么神秘的妙招，只是巧妙地利用了人类的天性——向对方求教。安塞尔的做法给对方一种重要人物的感觉，让他把自己引以为傲的渊博知识得以表现出来，从而满足了对方的自尊心。

总之，销售人员把客户当成自己的老师，向对方求教，对方就会心情舒畅，心中充满温暖和同情，对你抱有好感，从而不自觉地接受你的推销。这一点，对向来以拥有比他人更多知识为骄傲的观察型人来说，更是非常有效。

## 用专业知识打动观察型客户

虽然不断增加的产品功能和不断细分的市场有助于满足客户全方位、深层次的需求，但是面对越来越多的同类商品，客户在需求被满足之前恐怕首先面对的是迷惑和困扰，也就是来自对产品各种情况的不了解。

每一类型客户在购买某一产品之前都希望自己掌握尽可能多的相关信息，因为掌握的信息越充分、越真实，客户就越可能购买到更适合自己的产品，而且他们在购买过程中也就更有信心。虽然观察型客户做某件事情前通常会做周密的准备，并总是在很有把握的时候才会行动，但是在具体购买的过程中，他们也时常会遇到突发事件，比如发现了新产品但是不了解产品的用法，不知道某些功能的实际用途，不了解不同品牌和规格的产品之间的具体差异，等等。他们对产品的了解程度越低，购买产品的决心也就越小。他们通常都是非常理智的，通常不会感情冲动地去购买产品，所以，结果他们总是放弃购买，或是等自己更了解产品的时候再去购买。

其实，很多人都有过这样的体验，到百货公司去买一些电器产品时，同一种产品至少会有三种不同品牌，价格也不一样，商家着重宣传的功能和优势等也不尽相同。面对这种情况，客户自然不会轻易决定购买哪种产品。此时，哪种品牌的销售人员对产品的相关知识了解得越多，表现得越专业，往往越能引起客户的注意，而最终这类销售人员通常都能凭借自己丰富的专业知识和高超的销售技能和客户达成交易。销售人员如果希望观察型客户购买产品，就要准备大量的资料，对自己售卖的产品有清晰、准确的了解。如果你正在售卖保险，那么你就要详细地制作险种介绍书、公司简介、计划书等内容，务必要专业细致、逻辑性强、经得起分析和推敲。况且，观察型人通常都很欣赏能够给他带去更多新知识的人，当他发现你介绍的内容有他还没有想到的信息时，他自然会对你另眼相看的。

但是，尽管有许多商家都打着满足消费者需求的口号，在实际生活中，仍然有很多客户抱怨自己连最基本的了解产品相关知识的需求都无法得到满足。很多销售人员不能明确地回答客户提出的有关产品知识的问题,甚至对产品的基本使用方法都不知道。有相当一部分销售人员面对客户的提问不是一问三不知,就是含含糊糊、模棱两可、支支吾吾地说一些不着边际的话,这让客户非常失望。如果观察型客户遇到这种情况,他们会非常恼火,并且会鄙视店铺,对店铺产生极度的不信任感,会非常果断地决定逃避这个充满不确定的地方。

销售人员的工作就是要通过自己对商品知识的更多了解,来帮助客户答疑解惑,为客户创造利益。因此,销售人员必须要坚持不懈、全方位、深层次地掌握充分而专业的产品知识。因此,销售人员要了解以下这些关键内容。

1. **产品的基本构成内容**

这里包括产品名称、物理特性(材料、质地、规格、型号、美感、颜色和包装等)、产品功能、技术含量(即产品所采用的技术特征)、目前的技术水平在业界的地位、产品价格、产品付款方式、产品运输方式等。

当客户询问产品的基本构成情况时,销售人员只需要介绍以上一些内容即可,表达客观,语言沉稳,简洁明朗,态度冷静,专业性强,但少用让人难懂的专业术语,否则就成了卖弄。此时,不要向客户发出销售进攻,如过多地说一些评价性的语言,说产品有多么多么好,有多少人已经使用了等话题。客户只是想更多了解产品的一些基本信息，而不想迅速做出购买决定。这时候，如果销售人员表现得过于急功近利，反而会引起客户的反感，进而对销售人员产生不信任感，这将不利于彼此之间的进一步沟通。

销售人员对产品的基本构成分析得越是全面和深入，表现得越是从容和镇定，给客户留下的印象就越是专业和可靠，就越能建立彼此的信任关系，建立在这一基础之上的客户沟通自然会比喋喋不休地对产品进行华而不实的宣传要顺畅得多。

**2. 产品为客户带去的价值**

产品的价值通常包括以下几方面内容。

（1）产品的品牌价值。随着品牌意识的普及和提高，对于很多领域内的产品，客户都比过去更加注重产品的品牌和知名度。

（2）产品的性价比。观察型的客户对这一项是一定要考虑的，尤其是当他们在购买某些价格相对较高的产品时，会对这一因素考虑得更加深入。

（3）产品的服务。产品的售后服务已经越来越受到人们的普遍关注，可是产品的服务绝不仅仅指售后服务，还应该包括销售前的服务和销售过程中的服务。

（4）产品含有的特殊优势。如产品蕴含的某种新型科技含量、在功能上有创新等。

所有的客户在购买产品的时候都会关注产品为自己带来什么样的价值、好处，没有价值的产品，客户是不会考虑购买的。所以，销售人员必须站在客户的角度，深入发掘自己所销售的产品到底能为客户提供什么样的价值，以及多大的价值等。如果销售人员本身都弄不清楚产品的实际价值，那么客户自然就不会对这样的产品抱有任何信心了。

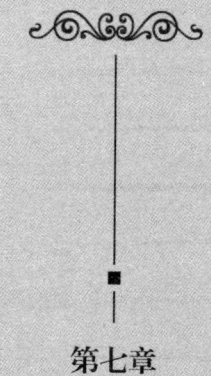

第七章

# 6号怀疑型客户：生活在十面埋伏中

怀疑型的人把外界看成是威胁，虽然他们可能觉察不到自己处在恐惧中。他们对威胁的来源明察秋毫，并且总是怀疑可能发生的最糟结果。因为他们总是不断地猜疑他人的动机，所以他们一旦相信一个人，则会成为这个人的忠诚伙伴。他们不喜欢权威，也可以说是害怕权威。这类人有的退缩起来以求保护，有的先发制人，表现出极大的攻击性。

## 快速识别怀疑型客户

怀疑型客户总是用怀疑的眼光看着这个世界,在他们的眼中,总以为会突然出现威胁伤害他们。他们总会想象最糟糕的事情可能会突然发生。为了寻求安全,他们通常会选择投靠权威人士来保护自己,但内心对权威人士却又持有怀疑态度,因此他们常常陷入这样的自我矛盾中。为了能够实现成功销售,我们只要认清他们,了解他们,就能找到突破口。

(一)外表与气质

怀疑型的人因为内心十分不安,对周围的环境总是保持警惕,所以,他们的眼神常常是游离的、冷静的、锐利的,他们保持着洞察力,没有感情色彩,给人一种冷冷的距离感。反恐惧型的怀疑型人眼中还带有攻击性。他们的皮肤偏暗色,比其他型号多出现M型额头(俗称美人尖),偏向观察型的怀疑型人多是弯腰驼背,气质比较随意，很害羞。偏向娱乐型的怀疑型人则是精神焕发，昂首阔步，但总显得谨慎、小心，眼神里充满不确定性。

他们的衣着多是中性偏暗色，比较保守，款式多是普通的、不显眼的，常常不会引起他人的注意。

(二) 沟通表现和常用词汇

怀疑型人在说话的时候，眼神是闪烁的，常常喜欢东瞧西看，容易低头；身体僵硬，表情警觉，双肩向前弯，总是避免和他人有眼神接触，脸上常带着柔和的笑容。反恐惧型的怀疑型人则会表现出压倒人的气势，喜欢瞪着眼睛看人。

怀疑型人说话的语速偏慢或不急不慢，说话总爱兜圈子，习惯性地先说一些辅助性话题，然后再引入正题。谨慎，自圆其说，总想立于不败之地；不直接面对问题，不愿意被对方控制话题；他们在说话的时候为了给自己留下回旋的余地，很少会说一些绝对、肯定的字眼，更多的是一些模棱两可的词，并且常常喜欢使用疑问句。在特殊情况下，恐惧型的怀疑型可能故意提高声调，声音强硬，好像换了一个人似的。反恐惧的怀疑型说话有时会主动挑起事端，变得尖刻，不饶人，不留情面，让人难堪或者说话粗暴，拐弯抹角不入正题。

常用词汇：为什么，我担心，我怕，让我想一想，有什么问题；可以吧，可能，也许，不确定，不一定，稳定，全面，周全，相信，信任，忠诚，稳妥，别人怎么看，恐惧，等等。

（三）行为素描和日常生活表现

怀疑型人对公司忠心耿耿，做事踏实、认真，虽然有些拖沓，但大可以放心交办。他们精于预测问题和提供解决方案，当他们和陌生人合作的时候会表现出烦躁不安的表情；事事要求清晰，不喜欢工作环境中有含糊或未知的因素；人事及权力构架必须清晰，规则更加要清楚；别人不努力时，他会一面做一面骂；做决定时喜欢听取别人的意见，一有差错，立即怪罪别人；喜欢按规则办事。

怀疑型人在采取行动前，必须对事情有透彻的了解，并预先设计了策略。他们为人善良，尽忠职守，也忠于家庭，还遵守纪律，这些都是难得的好品质。但他们有时也优柔寡断，有时非常固执，有时大包大揽，有时又倾向于怪罪他人。因为常常不知道自己的感受，所以他们会通过观察别人来了解别人眼中的自己。

他们能够洞悉别人的动机，喜欢别人有根有据的赞誉话。他们常常可爱逗趣，也常常粗野暴躁，很难捉摸。他们有时候会很幽默，但是其实并不是真幽默，而是讽刺。因为疑心过重，他们的反应往往过重。有时非常顺从，有时又公开地反抗，性格极端矛盾。他们爱平和讨论，惧怕权威，害怕成就，逃避问题。他们做事小心谨慎，不轻易相信别人，多疑虑，但一旦被他们信任，他们就会成为对方最忠诚可靠的朋友。喜欢群体生活，不喜欢受人注视，安于现状，不喜欢转换新环境。

九型人格销售经

**（四）性格深度剖析和心智结构分析**

怀疑型人从小笼罩在威权之下，因为从小没有被保护的安全感觉，失去了对权威的信任，所以总是认为世界充满威胁，做事处处小心，总是担心会落入危险境地或者遭人暗算。他们总是对人和事缺乏安全感，常常处在焦虑状态。怀疑型人喜欢把自己的疑惑投射到环境中去，认为到处都有危机，人人都怀有不可告人的企图。

其实恐惧是人类最真实的情绪反应。在远古时候，人类的力量非常薄弱，为了生存下来，他们需要随时随地和各种突然到来的危险、灾难作斗争。在长期的斗争过程中，总有一些人要做领袖，还有些人要作为忠诚的战士去卖命效劳。怀疑型人就是在这种环境下形成的，他们一方面忠诚地跟随领袖去战斗，但当面临危险和生死抉择的时候，他们又选择放弃战斗，选择逃避。在这个过程中，有的怀疑型人选择以英勇无畏的战斗来换取成功，获得生存的可能。还有一些怀疑型人则成为逃避者，见到危险就逃脱以求得生存。

怀疑型的人需要有目标让他们表示自己的忠诚，同时，因为他们不喜欢自己的软弱，也讨厌自己不够自立自强，但事实上轮到他们一定要自己拿主意时，害怕自己是否胜任愉快的心情所带来的焦虑和不安全感淹没他们，结果真的就错误百出。为了避免焦虑，他们急着寻找权威，需要被指导，尤其是权威者的指导，否则他们就会迷失方向，变得焦虑不安。一旦有专家、权威指引他们人生的方向，让他们免除了焦虑，他们便会忠心耿耿，全力以赴，这时他们全身充满干劲，不会被焦虑、困扰阻碍前进的方向。他们做起事来尽善尽美，绝对可以放心交托。

当怀疑型人感觉到内心受到威胁时，对外界的关注反而会变得更加强烈。内心越是痛苦，他们就越是喜欢往外看，结果常常让他们找错了使他们感到警惕的原因。

他们善于在微小的信息中发现危险或不安全因素，他们随时注意身边有什么威胁。比如路上有一个井盖，他们会担心井盖会不会突然掉下去，从而小心翼翼地绕着走过去。

他们希望发生在自己周围的事情都是一目了然的，所以，他们希望在工作中的要求和指令都是非常清晰的，这样他们就可以安心一些，不必因疑神疑鬼、考虑太多导致行动起来不知所措。正是因为他们感觉随处都有变化，所以他们很少作出承诺，因为他们担心自己做不到。他们也不适应处在随时变化的环境中。

他们感觉自己一个人在整个世界上太孤单，太不安全，所以常常会找一些"盟友"来让自己变得强大些。但是他们会把这些人分成很多等级，比如哪些人是值得信赖的，哪些人是不能托付的，哪些人是可以合作的等。

怀疑型人拥有丰富的想象力，但是这种想象力对他们来说，既是福又是祸。想象力导致了他们多疑的世界观。

## 【经典代表人物】曹操

《三国演义》中的曹操是我国东汉末年著名的军事家、政治家和诗人,他就是典型的反恐惧型怀疑型性格。他聪明透顶又愚不可及,狡猾奸诈又坦率真诚,豁达大度又疑神疑鬼,宽宏大量又心胸狭窄,大家风范又小人嘴脸,英雄气派又儿女情怀,阎王脾气又菩萨心肠……总之他是个多面的人、神秘的人,他的性格捉摸不定,让人猜不透。

他"少机警,有权数,任侠放荡,不治行业","机警"二字表明他机敏、警惕的特点,这也是怀疑型人格的典型特点。

曹操杀吕伯奢一家这个情节典型地说明了他的多疑。曹操谋刺董卓未遂,在被追捕中逃到了世叔吕伯奢家。吕伯奢冒着隐匿逃犯、罪诛三族的大风险留下了曹操,并且还杀猪沽酒,盛情款待他,但曹操仅以闻"磨刀之声"和"缚而死之"之语,竟然起了疑心,以为他们要图谋杀害他,便杀了吕伯奢全家。结果他在橱子下发现被捆绑的一头猪,才知道自己杀错了人,于是匆忙逃走,在逃走途中看到了买菜回来的吕伯奢,于是他一不做二不休,把对他情深义重的吕伯奢也杀害了。

还有他头疼的时候,怀疑华佗害他,便杀死了华佗,又因为多疑制造了醉中"杀人"、"梦中"杀人、借刀杀人等多种杀人方法。这些都表明了他是个反恐惧型的怀疑型人格,为了消除可能隐藏的危险,主动出击,先入为主,具有非常强的攻击性。

## 权威对怀疑型客户还是管用的

怀疑型的人因为从小就对权威失去信任，所以他们怀疑权威。但是为了能够获得安全，他们又不断地寻找能保护自己免除伤害的权威。因此，我们可以通过让他们感觉到权威的方法，促使他们购买产品。

怀疑型人总是用怀疑的眼光去看待事情，当你给他推销某件产品的时候，他通常都是持怀疑态度的。他们在看产品的时候，心里在不断地问自己："这件产品好不好？真的有那么好吗？他该不会是在骗我吧？怎么能知道他是值得相信呢？"他们满脑子都是疑问，此时你如果介绍产品怎么怎么好，都有哪些功能，他们通常都是持怀疑态度的，他们不相信你说的话，他们会想："谁知道你说的真的假的？有证据证明你说的是真的吗？"还有你说产品使用效果很好，他们会问"如果不好怎么办"；如果你说"给您的价格便宜"，他们会说便宜没好货；如果你不便宜他们会说为什么不给优惠。总之，怀疑型的客户永远会站在你的对立面去想问题，他们就是这样思虑过多并且处处怀疑，你越是想让他们相信你，他们越会怀疑你。

这种情况很正常，人们对事情的看法，首先是相信自己的判断，而最不能轻易相信的就是销售员。客户总是倾向于认为销售员是"王婆卖瓜，自卖自夸"，而产品的可信度是由专业性、可靠程度和喜爱度共同决定的。其中专业性和可靠程度会对怀疑型客户产生很大的影响。专业性就是指销售人员能够传递给客户足以反驳不同意见的专业知识，比如用医生或医学专家做药品广告，以利用其专业的权威性来诱导客户产生购买行为。可靠程度和有关产品质量信息来源的表面客观公正程度有关，一般说来，朋友往往比陌生人或销售人员更值得信任。

由此可见，要想让怀疑型人相信你，你可以请一个权威人士，他们通常都偏向听权威的话。比如你在某个公司里推销某种化妆品，怀疑型的客户就会挑三拣四，问这问那，他们不喜欢推销人员推荐的产品，但自己又不够自信，缺乏信心相信自己的判断，所以他们就会犹豫不决。这时候，销售人员可以说一声"某某部门经理已经购买了我们的产品"，就会产生效果，因为怀疑型的购买行为常常受到其他人尤其是对他有影响的权威人士或值得信赖的人的影响，销售人员若把握客户这层心理，好好地利用，一定会收到很好的效果。这时候，客户就会想"连那么有水准的经理都购买了这款产品，那么这个产品应该不错"，他们因为依赖权威，所以会毫不犹豫地购买产品。

我们在销售的时候经常会发现这种现象，几个人一起来到店里，当其中一名客户想要购买某产品的时候，同来的其他人如果说出一些有异议的话，通常这个有意购买的客户就会放弃购买。怀疑型客户也常常会受身边朋友的影响决定是否购买，因为他们相信身边的朋友而不是销售人员。

比如一对恋人购买衣服，女孩每次试衣服都会跑来问男友的意见，可见男友的意见很有分量。女孩甚至在某个店试了四件裙子，征求了男友四次意见，但结果都被男友否决了，这时销售人员就应该能够看出来男友才是真正的权力中心，可她们没有，还在不厌其烦地劝说女孩。可是，这有什么意义呢？

这时候销售人员应该要学会善于抓住重点，知道谁说话有分量，然后重点"出击"这个人，只要这个人表现出有意向的样子，销售人员才可能通过说服购买者身边的人来达到说服购买者的目的，最终促使购买者购买产品。

当然，销售人员还可以借助那些影响力较大的人物或事件来加以说明，由此增加客户对你所销售产品的信任和重视程度。例如：

"某某明星从××年开始就一直使用我们公司的产品，到现在为止，她已经和我们公司建立了5年零6个月的良好合作关系。"

"这是某大会的指定产品，仅那一次，大会就使用了68720箱这种产品。"

另外，销售人员还可以用权威机构证明的方法来获取怀疑型客户的信任，或者当怀疑型客户对产品的质量或其他问题存有疑虑的时候，用权威机构的证明来打消客户的疑虑。这种方法能使自己的说服力无懈可击，更具权威性，其影响力也非同一般。

例如，销售人员可以这样介绍：

"本产品经过××协会的严格认证,在经过了连续9个月的调查之后,××协会认为我们公司的产品完全符合国家标准……"

同时,把权威机关对产品提供的证明文件出示给客户。当然还可以把不同品牌之间的比较材料,如优质奖状、名牌产品等,这些东西都可以成为说服客户的有力证据。销售人员充分运用这些权威证明会让客户感到你是可信赖的,如此,销售人员就掌握了商谈的主动权,使洽谈按自己的意图进行下去。

## 态度诚信,用事实说话

怀疑型的人对人缺乏信任,总是持怀疑态度,那么,你凭什么获得这种类型的人的信任呢?我们可以用客观证据来证明,这是最有力的手段。除此之外,怀疑型客户对销售人员的信任也是起到一定作用的,因为怀疑型客户走进店里的时候,他首先要沟通的人就是销售人员。

但是,怀疑型的人需要花很多时间去判断一个人的人品好坏,以及其是否值得信任。他们的眼光总是停留在瑕疵和危机上,所以,他们在和销售人员交流的时候会非常敏感销售人员是否有什么漏洞,有什么地方不合理,然后再通过这些判断销售人员是否在说谎,以此增加或降低对销售人员的信任度。

那么，作为销售人员在面对一个时时刻刻在观察你是否说谎、寻找你毛病的怀疑型人的时候，你该怎么办呢？观察型人非常敏感，也许销售人员一句无心的话，在观察型的心中都会成为判断你人品的有力证据。所以，在观察型面前一定本着诚信、尊重对方的态度去介绍产品。

销售人员要有一说一，有二说二，不要夸大其词，或者说一些没有证据的话。

比如，某个售楼人员在介绍楼盘的时候，说道："这个楼盘的配套设施非常齐全，有菜市场、俱乐部、幼儿园，将来这里还要建银行，过些年家乐福超市就要在这里建一个分店，听说明年这里就要修地铁了，到那个时候，这个楼盘的价值会大大提升。目前我们还在搞打折活动，现在您购买还能获得一个大礼包，非常划算。"

这名销售人员的介绍方式，我们经常可以见到，为了能够销售出自己的产品，他们总会不由自主地给产品贴金，把自己能想到的所有这个产品的好处都说出来，希望能赢得客户的好感。殊不知，这样说，怀疑型人是不会再相信你说的话的，因为他们购买产品非常理性。他们听了你这么多话，但是没有找到他们最需要的证据，他们就会怀疑你说的话是否正确，尤其是当怀疑型客户刚刚进入店里的时候，销售人员和客户还没有建立起信任关系，而当销售员这样的话一出口，怀疑型就会先入为主地认为你说的话都是胡编乱造，是为了促销，根本没有考虑他的利益。之后，你说再多的话，他对你的印象也会大打折扣，你再想说动这名客户就非常难办到了。

如果我们换种说话方式，也许结果会好一些，比如我们可以这样说：

"我们这个楼盘的规划有菜市场、俱乐部、幼儿园，这些都是您目前能看到的，并且您可以计算一下，现在的楼盘里面有六千套成品房，这样就形成了中型的生活区，其他规划比如银行、超市，虽然现在我们还没有看到，但是您可以去我们公司的其他楼盘实地看一下，我们对客户有关完善社区的承诺是会兑现的。您先看看我们公司的相关资料……"

虽然改进时和未改进时说话的内容都是一样的，但改进后说话的方式变了，改进后的话表明了这样的观点就是客户可以亲眼看到有六千套房子要卖，所以成为中型生活区是一定的。那么有这么多人，就形成了消费群，其他的比如银行、超市等就一定会积极进驻这里的。这些都是事实，客户一定会相信的。另外，改进的话中没有一句像未改进的那样有"过几年""听说"等不确定的话，改进后的话说得有根有据，没有一点空话、套话。这样就会大大提高客户对你的信任度，接下来你可以把材料拿给客户看，然后及时解答他们的疑问，这样他们就自然而然地认为你很真诚，就会相信你了。

## 对怀疑型客户说话不能太绝对

在和怀疑型客户沟通的时候你会发现，怀疑型客户往往在说话的时候总是表达不确定性，比较含糊，这是因为他们随时在给自己留后路。即便他们内心对某件事情已经非常确定了，他们也会这样说话，他们非常重承诺，一旦说了肯定的话就一定要兑现，所以，他们一般不会轻易说肯定的话。在他们的感觉里总会有潜在的不确定性，只有把所有的疑问都搞清楚他们才肯下定决心购买。针对怀疑型客户的这个特点，我们切不可说话太过强硬没有一点弹性，这会让他们感觉自己受到了控制，会有被威胁感，随之，他们的防御机制就会启动，就会对你心存抵触情绪。所以，不到最后一定不要把话说得太绝对，要让他们有思考的时间。比如，下面这个销售人员就没有掌握住说话的度。

销售人员："大姐，您看这款手机怎么样，非常美观。"

客户："我觉得还可以吧，我想再看看其他的牌子。"

销售人员："您就买这个吧，都差不多，我给您优惠，打个大点的折扣。"

客户："我再看看。"

销售人员："大姐，您就买这个吧，现在还可以打折，待会儿就不给打折了。"

客户："我先看看。"

销售人员:"都一样,待会儿真的不给打折了。"

客户:"……"

紧接着,客户头也没回地就离开了这家店。

我们来分析一下销售人员说的话。其实,客户的确有购买的想法,但是她还没有最终确定,销售人员问她的时候,她已经说了三次"我再看看"。但是,销售人员根本没有听出客户的意思,一再地把自己的意志强加于人,让客户感觉自己说的话根本没有被重视,销售的功利性太强。到最后,客户感觉好像自己被纠缠住了,所以已经非常反感了。

其实销售人员可以这样说。

销售人员:"大姐,您看这款手机怎么样,非常美观。"

客户:"我觉得还可以吧,我想再看看其他的牌子。"

销售人员:"好的,您再看看,顺便提醒您一声,如果您在今天下午四点之前购买的话,可以享受八折优惠。如果有什么问题,可以随时来问我。"

这样一说效果就非常好,让人感觉很舒服,没有被压迫感,沟通就开始往好的方向发展了。其实这也是以退为进的方法,怀疑型的人是最喜欢这种做事细密周全,对人礼貌尊重的人了,并且你和他一样能够在谈话上给自己留有余地,他就会非常欣赏和认可你,顺畅的沟通就会由此开始了。

## 拿数据打动怀疑型客户

销售人员经常会因为这样一些问题而苦恼不已：自己已经把产品的基本信息都详细、如实地传达给了客户，没有带一点儿夸张或虚假信息，可是客户还是看上去疑虑很多，不能完全相信，即使销售人员反复强调产品的种种优势都无济于事。那么，客户到底在担心什么呢？也许你遇到的就是怀疑型客户，这时候我们就要分析一下了。

怀疑型客户的智慧中心在大脑，所以，他们凡事都是要经过客观论证和分析才会下决定。他们最头疼的就是含糊不清的事情，一旦事情含糊，他们就要花费大量的时间和精力去明确各种问题，只有所有的事情都搞清楚，他们才会做出最终决定。而销售人员在介绍产品的时候只是介绍了基本信息，如果他们改用数据说话，说服力会更强。并且记住，你如果能用小数点以后的两位数字说明问题，那就尽可能不要用整数；如果能用精确的数字说明情况，那最好不要用一个模糊的大约数来应付怀疑型客户。

越是使用精确具体的数据等信息说明问题，就越能增强怀疑型客户对产品的信赖。例如：

"试验证明，我们公司的产品可以连续使用5万个小时而不会出现任何质量问题。"

"这种品牌的电器在全国30个市级以上地区的销量都已经超过

了210万台。"

"儿童食品非常讲究卫生,我们公司生产的所有儿童食品都经过了12道操作严格的工序。并且,在质量监督机构检查之前,我们公司内部还要进行5次内部检查。"

现在,有很多商家也意识到了这种方法的重要性,所以各大商家在广告宣传中也引用精确的数据来加以说明,比如以下这些广告宣传词:

停电24小时,依旧冷若冰霜。——航天冰箱广告

1860年以来,它一直是美国上层餐桌上的佳品。——亨特牌威士忌广告

记住,你生命的三分之一是在床上度过的。——西门子电子公司的电子床垫广告

我们纺织品的缩水率绝不会超过1%。——思维亚衣料广告

哪怕你稀释一千倍,它依然有着纯正的奶香——炼乳广告

由此可见,使用精确的数据和客户进行沟通会起到非常良好的作用。但是,如果这种沟通方式我们使用不当,就会造成极为不利的影响。因此,在使用精确数据说明问题的时候,销售人员一定要注意以下几个方面:

### 1. 必须保证数据真实、准确

使用精确数据说明问题的目的在于引起客户对产品的信任和重视,如果使用的数据本身都不真实、准确,又何谈信任呢?销售人

员如果这样做就等于在欺骗客户，也许可能一时得到客户的信任，但总会有东窗事发的时候，到那时，不仅客户永远不再来，可能还会因此招来官司，给销售人员和企业造成极为恶劣的影响。所以，销售人员不要信口雌黄，做弄虚作假的事情。否则，最终损害的还是自己的利益。

### 2. 要适度、适时地使用数据

虽然销售人员使用精确的数据能够增强客户对产品的重视程度，增强他们的信任度，但是如果在和客户沟通过程中一味地罗列数据，不仅不会达到预期的效果，还会让客户听得非常混乱。这就好比人们说话的时候使用修饰词，恰当地使用修饰词能够让你的表达更加生动、形象，让人感觉你很有文采和才华。但是，如果说起话来满口的修饰词，那么，别人就会认为你在有意显摆自己的才能，进而对你产生华而不实、故意掉书袋的不良印象。同样，销售人员使用数据也是如此，单纯的数据罗列过多不仅会使客户感觉非常单调，没有兴趣，还会让有些怀疑型客户产生你是在卖弄自己好记忆的想法。

销售人员要想让自己的数据说明具有更强大的说服力，首先就要懂得适可而止，不要随意滥用数据，要注意适度运用精确数据来说明问题。另外还要挑选合适的时机，比如当客户对产品的质量提出疑问的时候，你就可以不失时机地使用精确的数据来证明产品的优秀质量。这样就能产生增强说服力的效果。

### 3. 结合其他手段配合数据的使用

除了在使用数据的时候注意把握一定的度和选择最佳时机之外,销售人员还需要结合其他手段来配合精确数据的使用。例如:

国内某家电生产厂家新生产了一种高科技洗衣机,这种洗衣机得到了国家认可的8000次无故障运行。据此,该厂家想出了一个非常好的广告宣传方法:这个家电生产厂家在王府井大街的黄金地段租了一个小亭子,然后把新研发出的这种高科技洗衣机放在小亭子里供来往的行人观看。他们让这台洗衣机始终处于运转状态,并且在旁边放着国家认证书,里面赫然写着连续8000次无故障运转。在这个公开的场地上,有很多群众来到这里观看,有这么多人的监督,绝对不可能出现中途另换一台同样洗衣机的现象。因此,这种洗衣机迅速引起了人们的关注,结果在它连续无故障运转了8000次之后,该厂家生产的这种洗衣机迅速占领了洗衣机的大部分市场,一举成为了消费者心中的知名品牌。

这位家电生产商就是利用数字结合实际效果有力地证明了自己的产品质量,从而赢得了广大消费者的信任。

### 4. 及时变更数据信息

因为很多产品的相关数据都是随着时间和环境的变化而不断发生改变的,比如产品的销量和使用期限等。所以,销售人员要注意及时对数据信息进行更新,以确保提供给客户的数据信息是最准确、最可靠的。

## 自曝其短让怀疑型客户放心

怀疑型的人非常喜欢防微杜渐，总是在不断地预测未来可能发生的危机，提前做好准备。所以，如果销售人员能够在销售过程中适当地把产品和未来客户可能遇到的危机联系到一起，那么，就会很容易促成销售。

比如，几个人在一家饭店就餐的时候，点了一道"辣椒肥肠"，恰巧当时在座的三四个人都在说血脂高的话题，服务员这时插话提醒说："'辣椒肥肠'脂肪含量较高，如果血脂高，最好别点这道菜。"这些人随即听从了劝告，改点了其他菜品。

也许有的人看到这里感觉到很惊异，对饭店来说，都夸自己的饭菜"香甜可口、吃出健康"，客人点的菜越多，自己赚的钱越多。把饭菜的缺点说出去，不是要影响自家生意吗？其实，这正是经营者的精明之处。每一种商品都有自己的优缺点，也因此适合不同的消费群体。特别提醒饭菜的缺点，防止客户挑到不适合自己的饭菜，一方面使客户从中受益、心存感激，另一方面又树立起以诚待客的高大形象，增进买卖双方的感情联系，有利于吸引更多的回头客。这家小店就是这么做的，店里还会提醒客户少点菜、莫酗酒、别浪费。正因为如此，大家到这里吃饭普遍觉得亲切、放心，该店回头客自然非常多。

在销售行业中，我们也常看到一些销售人员总是夸夸其谈，不断说明产品怎样怎样好，却对产品的缺点只字不提或者遮遮掩掩。其实，销售人员再怎么说自己的产品好，也有大多数的客户认为这个只是宣传，当然会说自己的东西好，哪有卖东西的人会说自己的东西不好的？

其实，任何一种商品都有自己的优缺点，也因此有着不同目标的消费群体。对经营者来说，最值得追求的目标应当是把最合适的商品卖给最适合的消费者，而不是片面追求销售量的提升。所以，既要宣传商品的优点、特色，又要告知客户商品的缺点和不足，让他了解未来可能遇到的问题，让其有心理准备，提前考虑清楚，从而做出最合理的选择。这样，才能以诚信赢得客户的心，提升品牌的美誉度。这些看似无形的东西，其实远比一时的销量增长更重要。这才是一种非常有远见的销售方法。尤其是怀疑型的人，他们更需要提前了解到实情以增加自己的安全感。

例如，销售人员在销售鞋子的时候，就要预先告诉客户各种鞋子的功能及其在使用中可能遇到的一些问题，这样才能赢得客户的肯定，进而和客户保持长久的合作关系，并吸引老客户介绍新客户。

有两个销售人员A和B，他们都卖出了同一款鞋，都是真皮的，而且是手工拉线的。销售人员A在介绍产品的时候是这样说的："这种鞋子比较耐穿，但是遇到雨水，鞋子里就会渗水进去，所以在下雨的时候最好别穿。然而，这种鞋的鞋底是防滑耐磨的，穿起来舒服。"而销售人员B就什么也没有和客人说。

结果第二天就开始下雨了,一个星期后的一天,从销售人员B那里购买那双皮鞋的客户就来了,在店里大发脾气,他说这鞋子都被水泡住了,他也不知道真皮的鞋子是不能被水泡的,不能放在潮湿的地方,也禁止暴晒。几百元的东西,只穿了一个星期就坏了,真不值呀。还不如去吃一顿饭,心理还平衡些等。店经理费了好大的心思,终于平息了客户的情绪。最后,不得不给他全额退还。

没过几天,销售人员A的那个客户回来了,还是找销售人员A,在"谢谢"他的同时,还带了朋友过来光顾,叫销售人员A介绍又可以防水,又耐穿的防滑、舒适的鞋子给他。这名销售人员A告诉他,凡是真皮的,都不能完全防水,因为真皮有毛孔,要透气,要是下大雨一样会渗水进去。后来,他同来的两个朋友每人各买了一双。

两名销售人员卖的是同样的鞋子,但是就因为少说了几句话,销售结果却截然不同。这个例子鲜明地告诉销售人员,多和客户沟通,让客户了解产品的各种功能以及可能遇到的问题,销售效果会更好。

当然,销售人员列举产品可能产生的问题也要适度,比如你可以列一下产品使用时会有哪些需要注意的方面,或者是目前产品还有哪些不足。同时,也要向消费者保证自己已经认知了这些不足并在努力改进中,承诺在这些问题改进后用户将获得怎样的提升和利益,这样一来,客户就会保持一个长期的关注程度。目前,这种操作方法多用于网络软件之类的销售推广中,其他的产品类型也可以适当地使用这种方式来操作。

销售人员不用再怀疑是否有必要将产品的缺点主动暴露出来,你要保持对商家以及对自己产品的高度信心,当然也需要商家对自己的产品有很高的认知度,要相信自己产品的优点远远大于所暴露的缺点。如果你有了这些作为铺垫,那么完全可以使用这种方式,而真正有意图的客户并不会离你远去。在这种主动的诚意面前,切实将自己立足于客户一方,更容易得到客户信任,从而接受你和你的产品。

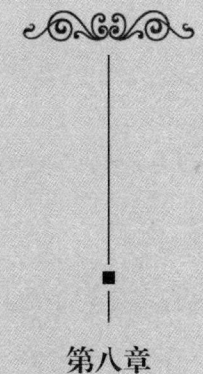

第八章

# 7号娱乐型客户：一切开心就好

娱乐型人富有创造热情和进取精神，他们总是追求快乐，哪怕没有回报，只要能感受到快乐，就会投入满腔热情。他们会制定很多快乐的计划，并且喜欢同时进行多项事情，不喜欢专心做一件事。他们追求刺激，渴望兴奋，喜欢冒险和思想上的碰撞。因为他们总是关注自己是否快乐，所以，有时显得很自恋。

# 快速识别娱乐型客户

娱乐型客户有一个乐观积极的心态，有一双不断寻找快乐的眼睛，他们是天生的乐天派，即便此刻生活在痛苦的泥沼中，他们也会苦中作乐。总之，他们对快乐的执著让人望尘莫及。当然，他们还超级自恋，总认为自己是最优秀的，总为自己是否快乐着想，因此他们表现出不需要任何人帮助的冷漠态度，很难留意他人的感受，并且他们还因为逃避挫折和失败而给人留下不负责任的印象。为了能够实现成功销售，销售人员只要认出他们，了解他们的习惯，就能找到突破口。

（一）外表与气质

娱乐型的眼神看起来非常灵活且游离，目光明亮，他们常常左看右看，目光充满好奇，眼神中没有痛苦、犹豫和烦恼；表情乐观且阳光，充满活力，神情满不在乎，面色红润；他们的身形姿态总是比较放松的，不会给人紧绷或僵硬的感觉，他们让人一看就是心宽体胖的人，很少有愁容满面的时候。所以，他们通常看上去要比实际年龄年轻很多。

他们喜欢追赶潮流，常常穿着比较时尚鲜艳的衣服，气质自然随意，行动反应敏捷。

（二）沟通表现和常用词汇

娱乐型的人在和他人沟通的时候眼神炯炯有神，声调快而清脆，不大在意态度或用词，倾向闲谈式的说话，因为对他们来说，这只是在寻找快乐；说话内容跳跃、不确定，容易出现打岔的情况，因为他们总是习惯于四处找寻新事物及资讯；说话语速较快。

在说话的时候，他们通常会不断地转动身体，会出现各种小动作，总是闲不住，坐立不安；他们笑的时候通常是大笑，很少有微笑；有时会有不屑的表情，有时会瞪眼望人。

娱乐型说话常用词汇：管他呢，爽，用了再说，吃了再说，做了再说，新鲜，好奇，快乐，好玩，喜欢，兴趣，变化，开心，简单，开心就好，无所谓，没事的，没劲，还没完，下一个，等等。

（三）行为素描和日常生活表现

娱乐型的人乐观、精力充沛、迷人、好动、贪新鲜、五时花六时变……他们是一群兴趣广泛、多才多艺的人，学什么都很快，但往往钻研不深。他们喜欢接受新任务或者新职位，喜欢寻求刺激和挑战，有丰富的想象力，能够出色地完成有创意的工作。虽然他非常有创意，但是实际操作能力差，做起事情来常常虎头蛇尾，缺乏耐心，当他们发现新的项目和新的可能时，便很想去尝试新的方法。当他们去尝试这些新项目、新任务时，旧的项目就搁置在那里。

他们不喜欢刻板的工作，如果让他们日复一日、年复一年地从事那些简单、反复、单调、不需要创意就能做的工作，即便很容易，甚至收入也不错，他们也会很痛苦，做不好。他们经常会抱怨这类工作"太闷、太枯燥"。他们没有层级观念，不相信权威，说话的时候常常口无遮拦，没大没小。

他们的人生哲学是玩得开心，所以，这个类型的人都深谙娱乐之道。他们率性自然，不会矫揉造作，有时候表现得像个小孩子一样。他们享受生活，不会怨天尤人。他们爱和能提供给自己快乐的人交友，爱和人调笑、把酒言欢，视享乐为头等大事，做事不负责任。他们通常比较懒，爱把事情推卸给别人去做，所以，这类人容易发生人际冲突。爱吹牛，很注意自己的身体健康。他们快乐、热心、不停活动、不停获取、多才多艺、对玩乐的事非常熟悉，亦会花精力钻研，不惜任何代价，只要快乐就好。

他们善于活跃气氛，只要他们在，聚会的气氛就会很热闹，大家玩得也会很开心。如果发现聚会气氛沉闷的时候，他们一定会站出来搞一些搞笑的小活动，调动大家的情绪，是人群中的开心果。当他们发现实在无法调节沉闷气氛的时候，他们就会选择离开，自己寻找开心快乐去了。因为娱乐型人是最不愿意处在"沉闷"的气氛里的。

娱乐型人喜欢自由，不受约束，也不爱尽义务，如果别人干预到自己，就会大发雷霆，表现得顽固、偏执。娱乐型人的人生目标就是及时行乐。他们常常以自我为中心，缺乏耐心，很少静下心来倾听他人的问题，行为幼稚、任性、不守规则。

**（四）性格深度剖析和心智结构分析**

娱乐型的人几乎都能回忆出一段快乐的童年时光，然而一旦追问下去，却总是揭露出痛苦的窘境。一般来说，娱乐型人的童年都有相同的特征：离婚、遗弃、在亲戚间游走或单纯地只是不受重视，这一切让他们感觉世界是可怕而痛苦的，从那一刻起，娱乐型人就单纯地否定痛苦，调了个头继续玩乐，也是从那时起，他们开始伪装自己。为了维持世界一切美好的伪装，娱乐型人避免真心投入生命中可能面临的心理弱点，也回避渴望、失落和悲剧。长此以往，他们就形成了逃避意识，有时候为了逃避痛苦，他们会把自己的快乐建立在别人的痛苦上。虽然他们活力十足，经常鼓舞人心，但他们却缺乏内涵，无法察觉自我心灵。于是，娱乐型人创造各种选择，以避免责任和义务。

恐惧是人类所有情绪中最为真实的一种情绪，它源于对生存的渴望，因此娱乐型人寻找刺激和感官上的快乐，以此来填充自己心中存在的那份恐惧的本能。可能是因为他们觉得必须要面对危险，既然逃避不了，那么何不暂时享受一下？长此以往就形成了这样的性格。正是他们把恐惧转化成了对生活的享受，他们开始关注生活中的各种新奇事物，他们总是表现得快乐和自由，及时行乐、及时享受是他们的人生准则。

娱乐型人因为害怕空虚、无聊和孤独，所以，总是不让自己停下来，他们会为自己制定一个又一个的快乐计划，然后幸福地沉浸在对这些计划的美好幻想中。但是因为计划太多，他们的精力又太过分散，所以他们很少能够善始善终。不过，他们并不在意这些，他们只是想从这些计划中找到快乐就可以了。

娱乐型人是个金童子，深信自己受到了特别的祝福，由于他们聪明伶俐，因此大都能豁免平凡生活中的磨练与苦难。然而，他们常常因为过分重视自己的聪明而低估了别人的智慧。他们说话的时候喜欢吹牛皮，没大没小，用词直接，得罪人也不在乎，只要他们能想到的，他们就会直接表达出来。

他们会成为理想主义者，为了理想他们非常执着，会不断地去尝试，但因为诱惑他们的东西实在太多，比如美食、美景、美酒、冒险等，这些都会引起他们的注意，导致他们将注意力转向那些对于他们来说无足轻重的地方上。然而，等他们回过神来的时候，会发现理想还是太遥远，但是他们并不在意，依然认为还有很多时间去实现。所以，他们常常乐此不疲地去做自己热衷的事。

## 【经典代表人物】猪八戒

《西游记》中的人物猪八戒就是典型的娱乐型人。

他原是天庭玉皇大帝手下的天蓬元帅，主管天河。他在天上生活的时候就比较随意，追求享乐，醉酒的时候因为调戏嫦娥被玉皇大帝贬下凡间。他性格温和，憨厚单纯，力气大，嘴巴甜，但好吃懒做，爱占小便宜，贪图女色，经常被妖怪的美色所迷，难分敌我。他贪吃贪睡，自私自利，好进谗言。他常常想作弄人，但不是搬起石头砸自己的脚就是作茧自缚。他懂得变通，貌似圆滑却很忠厚，毛病虽多却也可爱。他没烦没闹，没心没肺，看似见谁爱谁，花心好色，却永远惦记着家里的妻子高翠兰。

八戒喜欢安逸。在《西游记》中，猪八戒不习惯更不喜欢长期在外奔波的行旅生活，他不喜欢遭受各种磨难，他护僧取经是出于无奈的，所以在西行途中遇有劫难，他总是第一个打退堂鼓，要散伙，卖行李，嚷着回高老庄做女婿，种地过日子。

猪八戒这些可爱的性格，非常符合娱乐型人的性格特征。

## 唤醒娱乐型客户的好奇心

娱乐型人的好奇心在整个九型中是最为强烈的，可以说是登峰造极。现代心理学研究表明，好奇是人类行为的基本动机之一。杰克逊州立大学刘安彦教授说："探索与好奇，似乎是一般人的天性。神秘奥妙的事物往往是大家所关心的注目对象。"那些客户不熟悉、不了解、不知道或与众不同的东西，往往会引起人们的注意，销售人员可以利用人人皆有的好奇心来引起客户的注意，进而寻找成功销售的突破口。

1. 制造神秘开场白

一位销售人员对客户说："查尔斯先生，您知道世界上最懒的东西是什么吗？"客户感到很迷惑，但也非常好奇。这位销售人员继续说，"就是您藏起来不用的钱，它们本来可以购买我们的空调，让您度过一个凉爽夏天的。"

这个案例中销售人员就使用了制造神秘来激发客户好奇心的方法。销售人员的第一个提问非常神秘，很多人都会为他的这个提问感到好奇，大家都想知道答案，紧接着销售人员用钱联系到自己的产品上，让人感觉耳目一新，轻松诙谐。销售人员这么一说，谁不想去了解他的冰箱是什么样的呢？这就大大增加了和客户介绍产品的机会，为接下来的成功销售打下了良好的基础。

2. 巧妙介绍产品

当人对某一事物产生好奇的时候，便有了努力去探讨的愿望。销售人员要想使自己的产品引起客户的兴趣，就要设法使客户对产品产生好奇。好奇心是"心灵的饥饿"，没有人可以抵挡住好奇心的诱惑。况且，娱乐型客户对购买根本不存有抗拒心理，他会是个好买主，不过必须看商品是否合他的意，他们很容易冲动消费。所以，只要你试图与客户建立联系，就可以利用人们与生俱来的好奇心理作为攻坚利器。你可以引起他们对产品的好奇心，然后引导他们产生购买动机，这样便很容易成交。

某地毯销售人员对客户说："每天只花0.16元钱就可以使您的卧室铺上地毯。"客户对此感到惊奇，销售人员接着讲道，"假如您卧室有12平方米，我厂地毯价格每平方米为24.8元，这样需297.6元。我厂地毯可铺用5年，每年365天，这样算下来平均每天的花费只有0.16元钱。"

任谁听了销售人员说只花0.16元就可以铺地毯都会止不住停下来瞧一瞧的，哪里有这么便宜的地毯呢？只要时间允许，他就会很愿意听营销员介绍商品，他想了解商品的特性及其他一切有关的情报。经过销售人员这么一分析，客户发现地毯这么便宜，通常情况下，如果产品便宜，客户即便此时处在可买可不买的状态，也会有购买动机的。如果说地毯二百多块钱，大家都会不以为怪，并且没有必要的话就尽量不买，而销售人员这么一分析，就让客户感觉，买这个地毯值，大家就愿意出钱购买了。

### 3. 制造悬念

制造有关悬念，激发消费者的好奇心，引起消费者的关注，进而推出答案，给消费者留下深刻印象，这也是销售人员经常使用的手法。尤其在上门推销的时候,这种方法更是能成功见到客户的有效方法。

你在上门推销的时候通常会先向秘书自我介绍,这时候你可以使用比较简短、抽象的字眼或用一些较为深奥的技术专用名词,让秘书认为你的拜访很重要。比如,可以这样说:"我是××企业的销售人员××,我要向陈经理报告有关员工福利提案事项,麻烦你转达。"

如果发现自己要找的关键人不在或者正在开会时,你可依照下列步骤处理:先请教秘书的姓名,然后再把自己的名片和产品资料交给秘书,请他转交给拜访对象,同时在名片上写上:"×月×日,拜访未能谋面,拟于×月×日×时,再专程拜访。"接下来你可以通过聊天方式,尽可能地从秘书处了解一些关于关键人士的个性、作风、兴趣爱好和裁决途径等。在询问完后,要记得向秘书道谢,并请他(她)提醒关键人士有关下次拜访的时间。

秘书向关键人士转达你的来意时可能发生的状况以及处理方法:一种是秘书请你会见关键人士,另一种是秘书转达关键人士想知道销售人员来访的目的是什么。此时,销售人员要能让秘书转达让老板感兴趣的、可引起关键人士好奇的一些说词。比方:"我想向总经理报告有关如何节省税金,增加个人保障的事宜。"秘书如果转达说关键人士现在很忙,没有空,销售人员可表示愿意等30分钟或要求关键人士约好下次见面的时间。秘书如转答说要销售人员找第三者接洽，销售人员可以以关键人士的指示为由，会见第三者。会面后你首先应该确认第三者是否有权力决定签约，如果第三者没有权力签约时，你可以以向关键人士报告讨论的结果为由，和关键人士约好会面的时间。

## 制造快乐的购物氛围

娱乐型客户以及时行乐为生活准则，他们在追求快乐上乐此不疲，只要你能够让这类客户发现产品能给他们带来快乐，就很容易促成销售。

从消费者审美心理而言，凡是新奇的东西总会给人们带来一定的"刺激"，其中幽默术便是一种产生有效"刺激"的营销策略。企业经营者应紧扣消费者的心理特性，发挥丰富的想象力和创造力，通过各种戏剧性的展示和风趣性的表演，引人入胜，使消费者耳目一新，在一种轻松的身心愉悦和精神享受中产生购买欲望。

例如，上海福州路靠近外滩的一端，有一家带魔术表演的饭店。在这家饭店里，厨师就是魔术师，客户当然成了观众。有时好菜与好戏同时"端"到你面前，真叫你不知是吃好，还是看好。外地的甚至国外的魔术师闻讯后也愿意来这儿小叙，几杯下肚，借三分酒意，不少魔术师即席亮相，显露几手绝活。

让客户在消费的过程中再享受一份快乐，这对于娱乐型的客户来说是再好不过了。

郑州市有家"幽默饭店"，客户一进门，就会听到录音机播放的笑话、相声、小品。服务员每上一道菜，都要奉送一张写有幽默故事和笑话的小卡片，供送餐者欣赏，称为"幽默佐餐"，这家饭店整日客户盈门。

幽默术顺应了消费者的消费心理，很容易在他们的心灵深处产生共鸣，所以，这种方法已经被越来越多的经营者所采用。娱乐型的人能够在消费的过程中买到快乐，他们非常愿意去这样的地方购买商品。

美国纽约市有一家名为FJ的廉价商场。当客户购物付账的时候，店员都会给客户一张精美的纪念小卡片。商场里有一架电脑开奖器，当客户把卡片插进开奖器后，开奖器就会发出美妙的声音，每次声音都不同，开奖器的屏幕上会出现令人炫目的美丽色彩，同时还会出现几句令人发笑或是祝福的语句并打印在卡片上。最后，开奖器才会显示是否中奖以及中奖的奖品。尽管常常是没有中奖或奖品只是一些不太值钱的东西，但开奖器却成了该店最吸引人的地方。许多客户一拿到卡片就非常兴奋地抢着把卡片插进开奖器，争着观看开奖器的精彩"表演"；客户们笑逐颜开，小孩子更是手舞足蹈……因为有了开奖器助兴，FJ廉价商场的生意在纽约市竟然一枝独秀，即使在市场萧条时仍然异常火爆。

娱乐经济时代已经到来，近几年来，国外许多商家在经营方式上都做了大胆改革，革新的目标和内容之一就是让客户买到乐趣，不少商店为了达到这一目的，甘愿耗巨资在商店内修建乐园，增加娱乐设施。

在我国，这种快乐促销也有一定的历史，例如，在茶馆里一边喝茶一边享受听戏或相声段子，就是一种快乐促销行为。但是有很多商家却还没有意识到这一点，而我们有些商家所以经营搞不下去、服务搞不上去，其中有一个主要问题，就是不能使消费者快乐消费。令人提不起精神，甚至令人生厌、生气的消费氛围，如何能调动人们的消费欲望呢？

并且，在一般情况下，许多商场的客户并不一定是为了买东西，有的只是逛逛而已，他们都是商场的潜在消费者。商家如果抓住消费者的这一心理，把立足点转到快乐消费的经营策略上来，让消费者把逛商店作为一种乐趣，自然会激起客户继续逛下去的欲望，也就有了继续掏钱消费的可能。如此一来，商家将会实现社会效益、经济效益双丰收。

时下，有很多人唠叨过节没意思。这说明我们在快乐消费的市场上，还满足不了许多人消费的欲望。商家可以在这方面大胆地进行尝试，娱乐型消费者一定会常常光顾你的店的。

制造快乐购物氛围的方法大体上是从硬件、软件和搞活动三个方面着手。

（1）硬件上，主要是安装各种有趣的器材，让消费者感到体验式的快乐。

（2）软件就是人为因素，比如销售人员要对客户心存感激，表现出阳光快乐的一面，这样才会吸引消费者。

（3）还比如，搞一些有奖竞猜活动等，制造快乐氛围。

美国印第安纳州一超市曾创下4小时卖掉250公斤奶酪的纪录，它的促销之术就是规定：凡是能准确估计自己切下的奶酪重量且差不超过一盎司者，可以不付钱。尽管大街上的奶酪到处可见，人们也愿意排长队来享受猜中一份免费奶酪的成就感与刺激感。

当然制造快乐的方法还有很多，这就需要商家充分发挥自己的奇思妙想，尽量用最小的成本创造出最大的快乐氛围，让客户感觉到消费的快乐。

## 网络"秒杀"，刺激销售

娱乐型人不喜欢按部就班，喜欢各种新奇的东西，具有冒险精神，所以销售人员可以从这方面寻找突破口。"秒杀"就是一种适应消费者需求的促销方式。所谓"秒杀"，就是在规定的时间内进行促销，刺激消费者及时抢购。

秒杀的商品通常都是特价，比如"一元秒杀，还包邮"这些具有刺激性的促销语言,怎么不让人心动呢?参与过"秒杀"的人都表示基本上秒不到,秒到真的很难,即使秒到了有时候也只是一些不热门的东西。但是有的人虽然没有秒到过,依然乐此不疲。

有消费者曾兴奋地说:"我秒过好几次啦,虽然没秒到,但挺好玩的,激动人心,这种感觉很吸引我。"

但也有人因为多次没有"秒杀"上,就选择了退出。那些对这种具有刺激性的活动非常热衷的人,通常都是寻求享受快乐刺激的娱乐型人,他们不注重是否"秒杀"上,注重的是能否从中感受那份刺激的快乐。就像这个娱乐型消费者说的一样:

"我是几年前从新闻上知道'秒杀'的,一个人一块钱秒到一辆比亚迪汽车,让我非常羡慕。但是我是到了这两年才参与的,也只是当成一种游戏。我主要是想体会'秒杀'的这种过程,不是冲着便宜的东西。当然,如果有需要的东西,可以去试试运气。不过,'秒杀'软件太可恶了,那些人是为了要那个东西而去的,不是来体会'秒杀'这个过程,我觉得这样就没什么意思了。"

"秒杀"的过程的确非常刺激,大大满足了娱乐型人的需要。有个曾经参与过"秒杀"的消费者这样描述参与过程中的感受:

"我就参与过商场的现场'秒杀',看着倒计时,那个心跳哦,不停地看,不知道什么时候能够抓住最好的机会,心情紧张激动,时间倒数越少,买家越多,网上'秒杀'和商场打折一个性质的,比如:最后一天四折,最后几小时三折,有人专门最后几小时买货,达到真正的'秒杀'。这个过程太刺激了,让人心跳快好多倍。"

在淘宝上,各个卖家竞相推出"秒杀"特价品,在美容化妆、服饰鞋帽、手机数码等区,各卖家都以超低的价格打出"限时抢购"的预告,希望能吸引更多的眼球。当然这些活动更多地会吸引娱乐型的人,因为他们喜欢这种刺激的感觉,不过如果一些真想买产品的娱乐型人,他们因为多次没有秒中,体会到其中的痛苦的时候,他们就会走开。

商家之所以采用这样的促销方式,目的不是赚钱,而是获得更多的人气,扩大消费群,让更多的消费者了解商家的产品。

## 用分享肯定法应对娱乐型客户

娱乐型的人总会把问题朝好的方向考虑,他们愿意相信这个世界是美好的,他们不愿意看到不好的事情,对烦恼和痛苦避而远之,他们只喜欢和给自己提供欢乐并可以使自己情趣盎然的人为友,他们常常以自我为中心,展开各种奇妙的幻想。所以,当娱乐型客户来到你的身边,你最好不要表露出负面的东西,即便是在替他抱怨也不可以。比如,当某个娱乐型客户来到你的身边,他的穿着显得很普通,这时候,如果你关心他似地替他诉苦"你这件衣服可真是很旧了,你的妻子怎么不去好好帮你买衣服呢?你早该换衣服了"之类的话,他听到的只是你的抱怨和负面情绪,他的第一感觉就是很不舒服,氛围不轻松,这样,他就很容易逃避开,因为他不想被这种氛围搅了自己的好心情。所以,销售人员在销售的时候要多说些好话,多谈论一些快乐的事情或者有趣的事情,这样你就可以很容易地和他们打成一片,能够顺利地和他们沟通了。

案例:北京某品牌包专卖店,一位高挑的美女正在端详一款手提包。

客户:"这包包卖七千多,不过看着皮料倒是很好的。"

销售人员:"小姐,您的气质一看就很高贵优雅,在夏天,您穿个靓衫,再配上这个普拉达女包,一定是北京最美丽的风景线。"

客户:"真的吗?这包包的风格和我这么搭调啊!"

客户脸上露出了笑容,挎上包在镜子面前摆出各种姿势。

销售人员:"嗯,是的小姐,我不能胡乱猜您的身份,但是说真的,这款包包能配在您身上,简直完美至极。"(夸奖客户身份,不一定要说客户是干什么职业的,但一定要让客户感觉到自己的与众不同。)

客户:"有那么好看吗?"

销售人员:"这种包颜色亮丽,而且上边那个可爱的配饰让人看了感觉很快乐。前些日子,我这种包卖给了一个小姑娘,没想到她上午买完,下午就带来四五个同学,都过来买这种包,结果她们都互相争着颜色,最后他们猜拳决定每个人买一个不同的颜色,这帮小姑娘特有趣。"

客户："哦，呵呵，真是有意思。这个颜色倒是挺鲜艳的，我挺喜欢。"

销售人员："像您这样的小姑娘就该配亮丽的包，到大街上，男孩子的回头率肯定高。哈哈！"

客户："呵呵，大姐您真会说，好吧，那我就买这个包吧！"

这名销售人员正是把握住了娱乐型客户喜欢快乐氛围的特点，为客户购买提供了一个轻松快乐的氛围，客户感到非常高兴，心情非常愉快，于是便决定买下包了。

娱乐型客户在挑选产品的时候，可能会对产品的使用产生各种想法，甚至有些不切实际，但是你不要打断他，让他去谈论，和他一同分享他天马行空的幻想，并不时地肯定他、赞美他，他会感到很开心。

案例：在某市一家大商场里，一位中年妇女正在销售木桶的地方挑选各种桶。

客户："这个桶挺不错，我可以拿它去腌鸭蛋，这个桶大概能腌二十多呢。"

销售人员："嗯，是的，此外，这种桶还可以盛水，容积很大，非常好用。"

客户："这个小桶挺好，我可以把它当成木墩，里面再放些菜，也可以的。"

销售人员:"嗯,是的,这种也可以。"

客户:"那个大塑料桶,我可以盛酱油。"(那个桶太大,如果盛酱油,酱油可以用几年。)

销售人员:"您的想法真多,呵呵,这些桶各种功能都有,比如,这个可以方便携带,您可以把它当成饭盒。"

客户:"哈哈,嗯,不错不错。"

……

最后,客户挑选了另一个小桶,满意地走出了销售厅。

其实,这个客户就是很爱天马行空地想,他有很多想法,虽然有些想法不切实际,但是销售人员的肯定让他感觉很开心。在这样轻松愉快的氛围中,客户对销售人员的戒备心最小,往往很容易成交。

当然,如果是经常来光顾店铺的老客户,你可以偶尔在销售的时候送给他一些可爱并让他喜欢的小礼品。礼品不一定有多贵,只要能够给他带去快乐就好,这样他会更加开心,会和你的关系更好。在这样的氛围中,他更会经常来光顾你的店,并且有可能把更多的客户介绍给你。

总之,做生意先和客户打成一片,交上朋友是很关键的,销售人员一定要把握这一点。

# 让娱乐型客户有更多挑选机会

娱乐型人最害怕被束缚,不喜欢按部就班地去做事,如果销售人员能够给这种类型的客户一个宽松的销售环境,他们会非常开心。当你遇到一个经常会打岔,并且在谈论商品的时候,明明手中拿着这个,眼睛却盯在另一件商品上,对很多种东西同时感兴趣,那么你很可能遇到了娱乐型客户。因为他们总是喜欢把精力集中在发现各种新鲜事物上,总能够在很短的时间里发现产品的新鲜点。比如下边这个客户就是典型的娱乐型客户。

客户:"我很喜欢这种颜色的毛衣,请拿给我试一试。"

销售人员帮她拿过来,客户套上毛衣,来到镜子前,突然在镜子里发现墙角挂着的一条白色围巾,便说:"呀,挂在墙角的那条白色围巾正适合我前两天买的那件红外套,您把那个围巾拿给我看一下。"

此时她手里拿着围巾,身上套着毛衣,眼睛又盯上了靠门边的一件衣服:"那件衣服好像挺合适我的……"

销售人员又去拿那件……

这就是娱乐型客户的特点,总是想法很多,能够很快地看到这件衣服的闪光点,并且他们很喜欢有很多东西摆在他们面前,但是,他们不会一下子就决定购买哪件产品,他们总是在不断地对某件产品产生兴趣,在这个时候,绝大多数销售人员都会感觉很懊恼，挑选了半天，这名客户也没有个决定，到底买不买呀？到底买哪件呀？这时候，你可千万不要嫌麻烦，先静下心来稳住自己，不要着急，要知道，娱乐型客户每次买东西的时候都是要经历这个挑来选去的过程，这是他们一贯的作风，可不是无心购买或者故意捉弄你。

他们不喜欢把自己锁定在某一件商品上，他们希望能够体验更多的快乐——发现各种新鲜事物，所以，他们希望有很多的选择机会。在选择和体验过很多产品之后，他们就会发现有一两件是自己真正喜欢的产品。当他们发现自己喜欢的产品的时候，你再进行促销才是最佳时机，这时候你稍加赞美一下也许就可能达成交易。

但是，销售人员千万不要自以为是地一味根据自己的看法去介绍商品的亮点。比如一块蛋糕具有很高的营养价值，你就开始据此介绍，其实，娱乐型客户可能就是因为蛋糕上有几粒五彩缤纷的小珠粒就决定购买呢。

尊重对方的兴趣点，适当地询问一下对方喜欢产品的哪方面，并且赞同他的眼光，就会有助于交易的成功。其实，他们虽然看上去对每件产品都非常感兴趣，但他们对自己喜欢的产品通常是印象最深刻的，会过目不忘，也许他们当时没有下定决心购买，但是他们回到家里一定还会想着产品，并且很可能越想越好，第二天就回来购买。

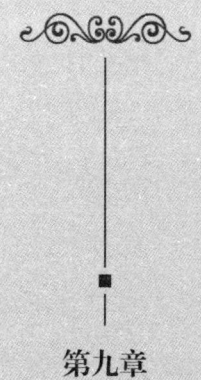

第九章

## 8号领袖型客户：我是老大跟我来

领袖型的人独断，有时具攻击性，往往抱有"一不做二不休"的态度。朋友和人们在他们的照料下会受到保护。他们颇具正义和公平，并且愿意为此而战。他们追求享乐，从和朋友喝酒作乐到理性的讨论都有。他们具有控制他人的能力，而且具有支配力。这种类型的人会忠诚地运用自己的力量，并始终不渝地支持有价值的事情。

## 快速识别领袖型客户

领袖型精力充沛,具有强大的号召力。他们果断、刚强,充满正义,当弱小者被欺侮时他们总能站起来充当保护者。他们做事雷厉风行,能够很快地做出决策,是很好的执行者。当然,他们有时候会表现得脾气太暴躁,容易冲动行事。他们既有优点又有缺点,要想在销售中"攻破"他们,就要先辨识出他们,了解他们的特点,再寻找销售的突破口。

### (一)外表与气质

领袖型人虽然都是具有攻击性的人,但是在他们的眼神中我们看不到那种攻击性,而是带着深邃的威严,他们愤怒时眼神带一种强烈的攻击性;男士身材壮硕、硬朗;女士身材表现是体胖或女性特征明显;充满活力;毛质硬,毛发浓密;皮肤粗糙;不注重服饰,通常穿的衣服都是比较有力量感,注重品质,男士通常喜欢穿线条简单、有重量感的衣服,女士通常比较关注大的品牌,有时候女士会穿得很性感,是一种豪放的性感;具有威严的气势;有情有义;自视甚高,目中无人;他们的行动速度通常很急、很快;着装一般会比较偏正规一点;动作力量大,手势较大、斩钉截铁且有霸气。

### (二)沟通表现和常用词汇

领袖型人说话声音很洪亮,一般说话很严谨,充满对一件事情胸有成竹的把握;他们常常比较幽默,不拘小节;语气坚定,好像在下命令;说话的时候不爱动,常观察、思考;常有指教人的手势;目光犀利,会直视对方;说话时表情通常表现出很威严的样子,而放松时则会露出开朗的笑容;常常先听他人说,然后自己开始说;会控制自己说话的语速,不急不缓,有穿透力;说话内容通常是直截了当,直奔主题。

常用词汇:公平,正义,控制,掌控,保护,带领,远大目标,直截了当,果断,气势,气魄,大气,领导,真实,我告诉你……为什么不能……跟我走,看我的,等等。

### (三)行为素描和日常生活表现

领袖型的人最强烈的特点是保护与控制,包括保护朋友、身边的人,与控制自己的领域、环境,不容别人践踏。他们善恶分明,具有责任感。他们是天生的威权者,毫不犹豫地发挥其权力并不断扩展,对自己的权力展现出一种强烈的自信心,他们想将自己的意志贯彻在环境中的每个人、每件事。他们总觉得自己比其他人强大,他们不要被任何形式的限制所束缚,且好战、霸气。

他们不在乎别人是否喜欢他,只担心别人是否尊敬他。因为他们很在乎家庭及家庭的成员,所以在家庭中表现出包容及忠诚,可以与儿女打成一片。他们勇于挑战生活,敢于对抗不法挑战者,有明确的正义观念,并会为了正义而战。有时他们会主动挑起战端,向他们视为欺压的任何权力机构或组织开战,以求改革。他们甚至想让别人认为其很权威、很凶、很欺压人!他们信奉"优胜劣败、适者生存"的道理,一生都在权力和控制上争夺、奔波。

在任何事情上,他们都是做得尽力、尽情和尽兴。他们总是在寻找新的机会,一成不变的环境令他窒息。领袖型人会对想要的穷追不舍,直到到手为止,并且总会摆出一副天下无难事的态度。一有事情发生,立刻想方设法解决。他们喜欢效率,不喜欢拖泥带水,任何事情都喜欢明快、干净利落。他们不让自己的生活有空白,只要有事情做,立刻全身充满活力。当沉浸在自己的工作或擅长的领域时,周围人会感觉他们十分冷酷无情。他们很会反省,能够知错就改,但因为领袖型人非常好强,周围的人还是会感觉到压力。

他们是彻底的自由主义者,非常喜欢危险的事情,也喜爱享受挑战成功的高峰感觉,因此,他们非常乐意去做不可能的事或是别人办不到的事。他们都很任性,富于心计,识人能力强。

(四)性格深度剖析和心智结构分析

领袖型人的童年充满了斗争,强者受到尊敬,弱者被人欺负,所以,他们学会了保护自己。他们对于他人的侵犯和恶意变得特别敏感,从而让自己变成强者。他们会不择手段地追逐权力和地位,目的却是让自己成为正义的执行者。他们用武力打抱不平,证明自己的实力,如果别人臣服于他们,就会得到他们的保护,这种价值观让他们有本能的深层次恐惧:自己说了不算,自己不够独立。所以,领袖型最大的渴望就是自己当家作主,撑起自己的一片天空。为了达到这个目的,他们把所有的注意力都集中在了争夺权力和控制斗争中,却因此忽略了人生的其他方面。他们不承认自己身上存在弱点或不足。他们面对挫折和困难的时候,往往能表现出超强的毅力,能够屡战屡败,屡败屡战,跌倒了也会再次爬起来。所以,有时候他们会变得冷酷、不近人情。

领袖型人的核心问题是控制。他们喜欢领导者的位置,希望自己能够凭能力来控制局势,并希望能控制其他强劲的竞争者。他们需要验证权威的能力和公平性。如果他们处在下属的位置,他们会尽量忽略掉要被人领导的事实。在缺乏清楚的惩罚措施的时候,他们会故意挑战规则。

领袖型人表现出外表强硬,实际上是为了保护自己,保护他那颗从小处在危险环境中的自己。他们也希望能够找到安全和温暖,但是他们认为这样就不能证明自己是强者。所以,他们习惯把温柔埋藏在心底,可在他们长大后,再也没有流露出温情。他们一生都习惯于关注外面的世界而不是自己的心灵,习惯去寻找那些应该受到惩罚的人。领袖型对训练自己和别人都毫不留情，对自己的情感不敏锐；虽然会自我反省，但自我省察的能力不够，对于别人细密的情绪也习惯性地认为那是一种优柔寡断的表现。

领袖型人不论怎样责备他人，都不会对自己进行惩罚。只要能找到一个明确的谴责对象，他们就会通过合理的渠道获得控制权，把错误转嫁给他人，使自己变成一个正义的执行者、无辜的保护者。

领袖型的人总是在充当保护者的角色，他们所保护的范围大小、领域宽窄，完全根据他们的自我价值而定。当他们自我价值高时，保护范围就会很广阔；自我价值低时，就只会保护自己。换而言之，他们的保护领域是以自己为中心点向外扩散的，范围远近全根据他们的自我价值而定。所以，在领袖型人里很极端的人，可以当上英雄，也可以变成自私鬼。自我价值高的领袖型，愿意付出一切去保护国家、人民，甚至于保护地球；但自我价值低的领袖型会变得自私自利，一心只保护自己，遇事会让别人做"替死鬼"，将自己置身事外。

领袖型人也善于保护下属，在下属遇到困难或挑战的时候，领袖型人都能勇于出面，帮助他们去解决。但是有一点，他特别看中下属一定要跟随他，并且要维护他的意见。在开会的时候，如果下属公然反驳他的意见，就会在一瞬间激起领袖型的愤怒，他会马上拍案而起并大声吼叫，直到把下属的声音压下去。如果在这个时候下属还要坚持自己的观点，直接提出自己的反驳意见，那他一定会变得非常愤怒。在非常愤怒的时候，领袖型人的情绪有时具有非常大的冲动性，他们可能会不顾一切，甚至会挥拳出击。因为他们要立刻在现场解决这个问题，让他们掌控大局的形象被重新树立，即便用到武力他们也会坚决去做。如果不能在现场把反驳的声音压下去，他就真的对大局失去了控制。领袖型人不能容忍自己在任何场面失去控制。如果失去控制，他的自信心就会受到巨大打击。

所以，领袖型人时时刻刻都要维护自己的尊严，永远都要保持自信，保存能量。但是如果你不在某个情景当中触怒他，通常他会非常友好地带领和保护一群人，不断地冲向一个又一个目标。

## 【经典代表人物】贾母

《红楼梦》中的贾母是一个诗礼簪缨之族的贵夫人。她见多识广，很有修养。她一直是荣国府的命运主宰，直到年纪大了，才渐渐地不管事，将当家主事的权力交给了王夫人和王熙凤。

贾母的一生奋斗过、努力过、鼎盛过，也享受过，作为当时的士族，要经营好一大家子的荣辱浮沉，这其中势必有着波涛汹涌的巨浪，更有着不为人知的险恶与艰难。

贾母在领导整个贾府运作的过程中善于抓大放小，她心里有一杆秤，如果一把抓，那就乱了规矩，但也不能放任自流，让手下人养虎为患。所以，在贾家最为鼎盛的时期，贾母曾掌管着贾府大大小小的事务，大家族中的勾心斗角、博弈生存，她有着比凤姐更多的心思、更多的手段，当然也更洞明世事，更具权威。虽然后来她已经不问世事，但整个荣国府的运行却还在她的掌控之下。这一点，从她选择接班人上就可见一斑。

但不管怎么说，贾母的管理理念都是相当先进的，她知人善任，适时退居二线，在一切场合力挺主事新人凤姐，既能放权享受，又能统领全局。

## 让领袖型客户自己做主

领袖型人喜欢自作主张，经常按照自己的意志做事或者把自己的意志强加于人，常常听不进去别人的意见。比如下边这位领袖型客户。

A客户走进店铺，对销售人员的微笑视而不见（或者高姿态地抱以冷淡的笑容）。她在店内环视一周，然后径直走到某款衣服前，销售人员连忙跟过去亲切地说："您的眼光真好，这是今天刚上的新款，您要不要试一试？"

A客户问："这款有没有黑颜色？"

销售人员回答说："没有。这款衣服是迎合夏季天气需求，主要有蓝、黄、粉三色，不吸热，穿上又比较清爽，您的皮肤白皙，身材高挑，穿什么颜色都会出众。"

A客户没有反应，转身走向了另外一个货架……

这类客户目标明确，行为主动，对于自己开出的条件很难更改，如果销售人员提出了和自己稍有不同的条件，她就会感觉不满意了。

这种类型的客户独立、自主、自信，选购产品的时候通常喜欢迅速搞定。他们一般都有自己既定的购物方向，比如以上案例中所提到的A客户，她想购买黑色的衣服，这时销售人员要做的是，进一步去观察她的需求范围和款式，比如，她在哪种款式衣服前停留了稍长的时间？她还在其他什么款式的衣服前打量了一阵儿？这样我们就有了进一步推销的重心。这是变被动为主动的关键点，切忌向这类客户盲目地推荐产品，他们的防御心理非常强，很难"攻克"，一句不当的话换来的就是对方的不信任、排斥或甩袖而去。

当销售人员在细致的观察中发现这种类型客户喜欢什么样的衣服时，就要使用一种客观、冷静的销售语言说出自己的建议，然后再用谦和的态度去征询对方的意见，让对方下判断。比如，在上面这个例子中，销售人员可以向A客户这样介绍："这款黑颜色的衣服采用的是很少见的拼接法制作而成，整个造型显得另类、时尚，很能体现阳光气质。您感觉怎么样？"这样他就会感觉自己受到了尊重。领袖型人非常喜欢按照自己的意志行事，让他说话他就会有骄傲感，他会说出自己的想法，比如说颜色不喜欢或者款式不喜欢之类的。只要客户能开口说出自己对产品的意见，销售人员就有进一步向他推销产品的机会。销售人员可以根据他的意见去帮助他寻找其他款式的衣服或者其他颜色的衣服，这样就可能找到让客户满意的产品。

比如在美容店里，当领袖型客户进来的时候，我们可以根据以下步骤去进行销售，就会获得领袖型的好感。

美容师要想了解客户的需求，了解客户的喜爱倾向或者承受能力的时候，就需要掌握"一看二问"的技巧。当真正有需求的客户进入美容店的时候，她会看上去很用心，会在自己感兴趣的产品上停留，这时候需要美容师要"看"准客户都在什么地方留意了，然后再上前给她介绍产品，从她看产品介绍画册的某一页眼光停留的时间长短，或者对某个项目咨询较多、较为关注，来判断客户的"真正需求点"和喜好倾向。紧接着，美容师就要进一步"二问"，来了解客户的消费承受力，可以问问客户平时在家里都使用什么品牌的美容产品，从客户提供的美容产品，我们可以了解到她消费时大概在什么价位上比较容易满意，这样我们就判断出了客户的消费承受力。通过以上的"一看二问"之后，美容师对下一步的销售该怎样进行就成竹在胸了。

当美容师销售产品的时候，美容师首先应该在美容专业性上超过客户，这样才会赢得客户的信任，获得客户的好感。当然，这并不是要让美容师王婆卖瓜式地夸夸其谈，也不是和客户面红耳赤地争论，决出谁更专业，而是要审时度势，适可而止。有的客户本身可能了解一些美容知识，会对美容师的专业推荐不以为然，这时可以根据客人的反应做出调整，在一定程度上认可客户的观点，赞扬客人的知识丰富，并把客户的观点顺势引到产品销售上来，推荐她比较喜欢的几款产品，然后提出自己的意见，征询对方的想法。

比如客户在交流的时候提出某品牌产品卖得不错，她非常喜欢这款产品，其中的美白产品效果非常好，这时候，美容师可以赞美客户对此品牌产品的了解，顺势提出美白系列又推出一款新产品，征询对方是否愿意尝试一下，或者告知客户某款产品也非常好用，询问其是否使用过，然后再针对客户的皮肤，说明自己推荐的产品非常适合客户使用。这样客户就可能有兴趣看一下这款产品，此时美容师再稍加介绍，和客户进行沟通交流，客户通常就会很容易选购产品试一试。

做美容销售如此，做其他销售也同样可以使用这种销售模式，销售人员通过和客户的有效交流，就很容易卖出产品。

当然，如果卖场没有客户需求某款产品，销售人员可以根据对方的衣着特点和气质大胆尝试进行其他款产品的推荐。在引导消费上，力求简单明了地切中对方的次需求要害，语言始终保持谦和，让对方下判断，这样既不伤害对方，又可以在推销上做到没有死角。

## 领袖型客户喜欢"硬气"的对手

领袖型客户一般情绪波动比较大,容易发脾气,喜欢用斗争的方式去解决问题,他们喜欢和自己一样强硬的对手,如果对方唯唯诺诺、阿谀奉承或者是个两面三刀的人,他们会非常瞧不起,甚至会对其冷嘲热讽。

领袖型人通常都喜欢用挑衅性的语言来刺探对方的真实意图。所以销售人员在遇到领袖型客户的时候常常会出现这样的情况:客户对产品挑刺,认为这个不好那个不好,还说一些很不中听的话。这时,销售人员千万不要忍耐,越忍耐越让领袖型客户看不起。销售员可以用自己的专业知识纠正客户观点上的错误,当然态度要客观、冷静,让客户感觉你是在就事论事。

当客户又提出其他的疑问,并表示对销售人员的讲解不相信的时候,销售人员不必理会客户的态度,只要保持高度的自信心,用专业知识去讲解产品,帮助客户答疑解惑就可以了。

其实,领袖型客户通常都喜欢用这种有点斗争性的语言和态度说话,他们的目的就是为了找到问题的答案。当销售人员帮助他们解决了心中的疑问时,客户就会转变自己的态度,表现出对你的尊重了。

如果客户妄下断定,表现出不理睬销售人员的解释,并且一再提问,用各种疑问的态度表达对产品的不信任时,销售人员可以使用反问等语言来让客户感觉到自己提出的问题很没有专业概念。比如，客户说："这样破的东西，怎么会好卖呢？"这时候销售人员就可以反驳他说："如果东西破的话，怎么会有一天销售百件的业绩呢？"这种足够自信和不屈服的态度，会很容易赢得领袖型客户的信任，即便因为某些问题领袖型大发雷霆，你也要把自己的道理说出去，让他心服口服，他就会非常敬佩你的这种精神。也许当时他不会购买你的产品，但是，正所谓"不打不相识"，也许你们就会成为很好的朋友，以后，他一定会在你这里购买产品的。

使用这种方法的关键点是要在客户有过分的言行的时候，否则，就是销售人员冷待客户了。

还有些时候，客户爱找麻烦，问这问那，总是不断给销售人员出难题。这时候，如果销售人员被问倒，领袖型客户就会感觉你这个人没有水平，轻轻一问就答不上来了，他就会轻视你，进而轻视你的产品。当然，每一个销售人员都经历过被客户问倒的情况。虽然有的客户理解你，但是这样毕竟伤害了你在客户心中的形象。所以，销售人员一定要不断学习，掌握最充分的材料，以便每次销售都能做好足够的准备。但客户的提问是无法预知的，有些问题甚至销售人员都听不懂，这个时候销售人员要掌握一些不被问倒的技巧。

（1）换一种说法表述一下客户提出的问题，让客户确认一下是不是这个问题。

（2）尽量探询客户存在这个问题的背景。

（3）告诉客户这个问题很有价值而且很复杂。

（4）把这个问题记下来，然后告诉他需要我们在专门的时间讨论、研究。

（5）离开客户，然后找同仁求助或上网找答案等。

## 以柔克刚，让领袖型埋单

领袖型人通常是雷厉风行，刚强干练的人。《道德经》中对这种人的总结是，"天下至柔克至刚"。所以，我们还可以使用以柔克刚的方法攻破领袖型，当然其中的"柔"不是指唯唯诺诺、言听计从，没有主见，而是似水之"柔"，这种"柔"体现在销售人员身上就是心中有主见，但在表达的时候要使用柔软的态度，让这种态度产生一种无所不包、无处不在的力量，包容刚烈的领袖型客户。那么，销售人员就会很容易攻破他们的防线。

当领袖型客户进入店铺的时候，销售人员可以使用以柔克刚的方式，以良好的礼仪和友好的态度去迎接客户，这也是销售人员基本的素质。销售人员的着装要整洁，脸上要带着适度的微笑，三分笑就可以，七分笑就感觉太热情了，打招呼的语言要恰当得体。

比如："欢迎光临，请慢慢选。""请慢慢选，我是小李，有需要可以找我和我的同事帮忙。"这样问候的话，客户会感觉很礼貌,并且听起来也很亲切。销售人员还可以邀请客户去沙发上坐,请客户喝杯水,当然邀请的语言要温柔甜美,态度要温和。这样的销售人员,领袖型人通常都无法拒绝。

不仅要有让人感觉舒服的外表,还要有过强的专业知识和灵活应变的能力。因为绝大多数客户在购买产品的时候都会对产品提出各种各样的疑问,有时候客户提问题是出于一种习惯,希望能从销售人员口里获得肯定的回答,增加自己购买该产品的信心,或者是通过提问来展现自己的权威性和专业性,从而显示自己的影响力,这种情况很容易出现在领袖型客户身上。

当销售人员遇到这种情况的时候,千万不要去"抢答",把问题给轻易解决掉。这样应对的结果是,你不但没有满足他的虚荣心,还伤害了他的自尊心。销售人员只需要静静地听他提出的问题,然后重复一下他说的话,再慢慢地回答他,态度要诚恳、温柔,可以用附和或赞美的语言来回答,比如说"的确是这样的""确实有道理""值得大家探讨"等就可以了,这样他们会感到自己受到了尊重,而你诚恳、温柔的态度会让他感到很舒服。我们举个例子,让大家体会一下这种技巧。

一位小姐花了整个下午的时间在鞋店里挑选商品,结果她批评的意见提了很多,鞋子却一双也没有看上。

最后,这位小姐干脆请销售人员找来老板,当着许多客户的面滔滔不绝地说一些如"这双鞋的后跟太高了""我不喜欢这种皮料",或者"你们的服务态度真不好,我选了一下午的鞋子,居然没有一个人过来帮我出点主意"之类的牢骚话。

那位老板就像一名听话的小学生一样,一直站在旁边听她发表"高论",一声都没有吭。直到那位小姐说完,老板才缓缓地说:

"对不起,请你等一会儿。"然后他便走到鞋架旁,拿出一双鞋摆在小姐的面前说:

"小姐,我想这双鞋最能衬托你的气质。"

那位小姐半信半疑地把鞋穿上,结果不但大小合适,而且颜色、样式都令她十分满意。

那位小姐满意地说:"这双鞋好像是专门给我订做的一样合适。"最后便高高兴兴地付账离开。

这位鞋店老板非常懂得这种客户心理,也知道如何用语言攻她的心。他先是让对方发表自己的意见,也许他根本一个字都没有听进去,但他的态度让客户感到十分满意,最后他抓住机会轻轻一击,对方很快就败下阵来。

其实,那位鞋店老板最后拿出的那双鞋子,就是那位小姐早就试过却迟迟下不了决心购买的鞋子。这位老板早就看出她只是要人临门一脚,给她一个肯定的答案,好让她下决心买了。正是因为这位老板以静制动、以柔克刚,轻松就把麻烦的客户搞定了。

所以,如果销售人员遇到这种类型的客户,不妨采用上述的"四两拨千斤"法或鞋店老板的"顺水推舟"法,静静地听对方把话说完,这样不仅表示了对客户的尊敬,让客户心里舒服了,还避免与客户唱反调。此时,绝对不要动不动就发脾气或没耐心地应付,否则,硬碰硬的结果只能让你后悔莫及。

## 说话爽利,客户会更信任你

我国有个俗语叫"见外",往往就是指某种不必要的委婉而与对方造成的一种心理上的隔阂。试想,如果你在和一个很熟悉的同事见面时一开口就说"对不起",一插话就问"我能不能打断一下",他们也会以一种异样的眼光看待你。

直言是一种自信的结果,因为只有相信别人的人才谈得上自信。那种过分害怕别人的反应,说一句话要反复斟酌半天的人是谈不上有什么自信的,而缺乏自信就会给交流带来障碍。同样,在销售的时候,你说话绕弯子,不能直言,就会使你和客户之间的交流出现障碍,并且人们一般是不会愿意同一个畏畏缩缩的人打交道的,尤其是领袖型客户。

领袖型客户做事非常果敢,不喜欢拖泥带水,通常他们反应敏捷,干净利落。所以,销售人员在销售产品的时候要尽量说重点,这样他们才不会不耐烦,愿意听你继续介绍下去。

这里说的抓重点,指的是在介绍产品的时候,一般把客户比较关心的几个重点说清楚，比如产品的规格、价格等。然后静静地等上几分钟，为的是让客户对产品有个初步的了解，在整体上感觉一下产品是否适合自己。

领袖型客户通常在购买产品的时候都有自己的主见，如果他们对这款产品不是很满意，就会主动说出来。这时候，你可以直接询问他需要什么样的产品，然后再帮他寻找类似的产品。如果客户听完产品的大概介绍之后，感觉这款产品还不错，这时你还可以再介绍一下产品的其他功能或者其他优惠条件等，但切忌滔滔不绝地说个没完，要懂得看客户眼色，让领袖型客户时不时地插进去问问题，这样就形成了良性的互动。

领袖型客户对权力和控制有着非常强烈的渴望，所以，如果你的产品能够帮助他们获得权力和控制，他们会非常乐意接受的。销售人员可以直接告诉客户产品有这方面的能力，当销售人员直截了当地说出这种建议的时候，他们会报以爽朗的笑声，会认为你非常了解他。继而，他们会非常愿意和你交流，进而购买你的产品。销售人员在介绍产品的时候，一定要把产品的优点以及产品能给客户带来的好处直接列出来，让客户对产品及性能有一个更清晰的认识，这样他就能尽快做出购买的决定。

当然，销售人员在与领袖型客户交流的时候，一定要本着诚恳的态度，不可以有任何的欺瞒行为。否则，如果领袖型客户一旦了解到你在欺骗他，就会非常恼怒，甚至会有报复行为。如果他购买了你的产品,但是没有你说的那样好,他也可能直接找消费者协会去理论。领袖型客户是从来不吃亏的,销售人员一旦惹怒了他,一般都是没有好果子吃的。

## 尽量把产品与权利、控制联系起来

领袖型客户对于自己所喜欢的东西具有非常强烈的购买欲望。一般情况下,如果一个人在逛商店的时候看到某件产品,就会衡量家里是否已经有了这种产品,是否需要这种产品,自己是否喜欢这种风格,等等。他通常会权衡再三,然后再决定是否购买。但是,领袖型客户却天生有一种冲动,这种冲动归根结底是一种占有欲,他们希望把所有自己看上的东西都据为己有,所以在购买的时候,就会表现出强烈的占有欲,很少用大脑思考产品是否有用以及是否适合自己,他们也不去仔细思考是否有足够的资本去购买,他们只求再多点、再多点。

作为销售人员,就要想办法把领袖型客户的这种购买欲望激发出来,而领袖型是非常喜欢权力和控制的,如果销售人员能够让领袖型客户看到购买产品的同时获得权力和控制,他就会产生强烈的购买欲望。

当然,销售人员如果一味地用嘴空说"某某产品能够提高你的能力"就显得非常空洞，而是应该用更多的事例来丰满自己的观点，言之有物。

比如，某种奶制品能够让服用者营养均衡，提高其免疫力，那么销售人员面对领袖型客户就应该这样说：

这种产品是我们公司研发出的最新产品。根据不同年龄段人的生理需要，有针对性地补充人体所需营养。这款产品正适合您这个年龄段的人使用，它能够增强人的免疫力，让人精力充沛，像您这样工作量比较大的人，就应该购买这种产品。他能够让您有更多的精力投入到工作中，使您变得更加具有活力，更好地去工作。

当领袖型客户听到这种产品能够控制自己不生病、提高工作精力时，他就会想：精力更好了，就能够做更多的事情，自己再努力一把，可能就升官了。领袖型客户就可能被打动，继而对产品产生兴趣。也许他会说："这东西，还能够提高人的免疫力？"这时候，销售人员就可以再进一步介绍产品了，当然，在介绍的过程中，销售人员可以就"提高免疫力"这个客户感兴趣的话题为切入点展开交流，说话的时候不要含糊，要多用肯定的语气，增加客户对产品的信任度。

销售人员在介绍某一产品的时候还可以将其和其他类型的产品进行比较，比较的内容可以有销量、获奖情况、产品成分等，进一步让客户确信这款产品真的能够提高免疫力，并且比其他同类型的产品强。

销售人员还要注意话要一点一点地说，说某一点就要把这一点说清、说透。销售过程中经常发生的一个情况是，销售员的论点跳来跳去，导致说了好多点，别人却每一点都不明白，与其这样，还不如只说一点。在这里，还要特别强调的是：销售人员自己觉得很简单、很明白、一点就透的事情，对于客户来说未必如此。

通过销售人员如此周详的介绍，相信领袖型客户就会相信这种产品真的能够增强免疫力，客户的身体好了，就意味着他有更多的精力投入到争取权力和控制的战斗中，这样客户就很容易购买产品了。

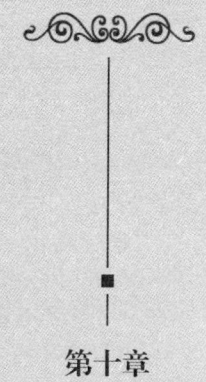

第十章

# 9号和平型客户：喜欢平静、和谐的生活

和平型的人善于了解他人的想法，他们具有自我麻醉的倾向，让自己去做些居于次要地位的活动，如看书、和朋友闲逛、看电影等。他们喜欢和谐、舒适的生活，即便因此要配合他人也无所谓。对于很容易受到情感影响的他们来说，说"不"是非常困难的事，他们愿意点头同意，因为他们害怕分歧。但是，一旦受到压迫，他们也是最顽固的类型。

## 快速识别和平型客户

和平型客户总是害怕冲突和矛盾，为了能够保持和谐的氛围，他们甘愿委屈自己的想法，去做自己不想做的事情，他们很优柔寡断，容易迎合别人；他们能够耐心倾听他人说的话，常常能够成为公平的仲裁者或者调停者。作为销售人员，为了能够成功销售，准确认出他们的类型，了解他们的习惯，我们就能找到成交的突破口。

（一）外表与气质

和平型人的眼神中没有机敏和锐利，而是非常柔和，会让人产生"没有睡醒"的感觉，好像是对什么事情都不感兴趣。焦点稳定，不会左看右看。他们整体让人感觉行动迟缓、反应慢。

大部分和平型的人身形比较圆润。他们穿衣服最看重的是舒服和方便，只要满足这两个条件就可以了，他们不关注衣服的品牌，因为他们不喜欢突出，所以，他们穿的衣服通常都是色调比较沉当然，如果环境变化了，别人都穿鲜艳的衣服，他们也会选择从众。总之，他们会让自己融入大环境中。

### （二）沟通表现和常用词汇

他们通常说话都是慢条斯理的，速度和他们的生活态度一样，不慌不忙，语气平平。坐姿比较随意，喜欢坐着，不喜欢站着，身体动作慢，没有多少表情，女性让人感觉亲切，男性让人感觉憨厚、真诚。

他们很少表达自己的观点，通常是一个很好的倾听者，他们说话内容非常丰富但很泛泛，没有主要观点，但他们能够用简洁的语言说出一件事情的重点。

常用词汇：我无所谓，你决定吧，你说了算，都行，可以，随便，别太认真，你说吧，等等。

### （三）行为素描和日常生活表现

和平型人待人友善，喜欢和谐的氛围，希望大家和睦相处，不愿面对纷争和挑战，宁可大事化小，小事化无。他们很容易接受各式各样的人，奇怪难缠都无所谓。他们不具批判性，也不具威胁性，永远愿意使不同意见互相平衡。他们虽然喜欢你，但同时也很喜欢别人。因为重视和谐，所以他们常常为此而忘记自我所需。他们喜欢迎合他人的想法，别人想要怎样就怎样，不太会拒绝。他们喜好安详、舒适的人生，对于争斗及个人野心的实现往往不太感兴趣，甚至舍弃主见，以避免坚持自我可能带来的冲突和纷争。他们强调牺牲个人，促进大团队的和谐。在这些前提下，在和平型人的眼里，个人的兴趣、喜好、真正的想法、需求和愿望都不重要，即便被人占点便宜、吃点亏他们也不计较。

和平型人懒散、缺乏活力，甚至给人堕落、不知进取的感觉。他们优柔寡断，没有立场，不敢坚持己见。因为和平型人容易隐藏自己的意愿去迎合别人，所以有时会给人阳奉阴违的感觉，当别人问他意见时，他会惯性地同意，但却未必去做，因为他内心是不同意的。他们漫不经心、粗心大意，常常会忘记一些重大事情。他们做事情追随惯性，分不清事情的轻重缓急，即便有非常重要、紧急的事情等着他们去做，如果他们看到有好看的电视，也会留下来看完电视再去做。他们都很懒惰，做事缺乏效率。他们不喜欢冒险，喜欢休闲活动。

他们不想未来，不做决策，宁可只做自己眼前喜欢的事，也不想为决策的后果负责，所以他们总是逃避问题，直到逼得其他人出面解决为止。但一般说来，他们很乐意配合其他人所做的决策，他们会遵从决策，只要这么做可以保持内心的宁静。

（四）性格深度剖析和心智结构分析

和平型人从小就感受到不受人重视的孤独，他们的观点很少被大人们采纳，别人的需要总是比他们的需要更重要。最终，和平型人的内心进入自我催眠状态，他们的注意力从真实的愿望转移出来。和平型人认识到他们自己得不到重视，只好麻醉自己，分散自己的注意力，让大脑把自己忘记。

当他们心中产生了某种个人的需要时，却往往把这种需要抛弃，取而代之的是去忙碌其他无关紧要的琐事。并且，他们自身离那些需要解决的优先选择项越近，就越容易去注意那些不重要的事情，借此分散自己的注意力。比如他们心中有自己的想法，但是又很少行动。他们一边做着手头的事情，但脑袋里又可能在想着其他的事情，也就是说，虽然他们在不断地工作，但精神上可能已经游离到了很远的地方。

当他们有很充足的闲暇时间时，做的事情却比没有时间的时候还要少，这是为什么呢？因为他们很难分清楚哪些是重要的事情，哪些是不重要的事情。比如一位和平型大学生，她准备花一天的时间去完成一篇期中考试的论文，因为明天就是交论文的期限了。但是，她最终把一上午的宝贵时间花在了自己的卧室里，而她做的只是为了给自己的香水瓶找一个瓶盖。

和平型的人通常喜欢凡事顺其自然，不喜欢冲突和矛盾，追求和谐，这种心理特质导致他们对冲突和矛盾极为恐惧，他们常常让自己沉浸在自我创造的和谐氛围中，粉饰太平。和平型的人之所以形成这种模式，是人类自然发展的结果，这一类人的智慧中心在腹部，是属于容易生气的类型，他们常常自己生闷气，从不表达出自己的愤怒。他们很容易融入群体中，容易被别人的情绪感染，有时候甚至会混淆自己和他人的情感，以致到最后分不清哪个是他人的情感，哪个是自己的情感。比如一个人向和平型人倾诉悲伤，最后可能和平型人比那个向他倾诉的人还要悲伤。他们通常麻醉了自己的需求，容易被琐碎的事情所羁绊。

他们很容易发现别人的需求，却不知道自己的真正需求是什么。他们很容易根据别人的日程去安排自己的事情，总是喜欢顺着别人的意思做事。虽然2号给予型也是这样，但是2号给予型只是改变自己的外在表现来迎合他人，取得他人的赞赏和认可，而和平型人则是把自己整个人都融入他人的情感中，不分自己和他人。给予型人是为了迎合他人而忽视自己的需求，而和平型人是忽视自己的存在；给予型人是主动地迎合他人，而和平型人则是被动地迎合他人。

和平型人虽然总是顺从别人的想法，但这并不代表他没有意见，他也有意见，只是不知道自己该在什么时候表达出来。他们有顺从的时候，也会有反抗的时候，但他们的抗拒常常是没有声息的、被动的，比如不作为就可能代表他们在反抗。他们很难主动去表达不满，因为这样他会感到不安，感到有威胁。

他们常常表现出非常懒惰的样子，好像什么事情都不爱做，其实在他们的潜意识里，他们是非常愿意行动的，但是他们觉得自己还有很多事情需要去做，感觉无从下手，最后，宁愿选择细枝末节的琐事来敷衍。

## 【经典代表人物】沙僧

沙僧是《西游记》中的经典人物形象,他原为天宫中的卷帘大将,因在蟠桃会上打碎了琉璃盏,惹怒王母娘娘,被贬入人间,在流沙河畔当了妖怪,后被唐僧师徒收服,负责挑担。得成正果后,被封为"金身罗汉"。

沙僧淳朴、憨厚,他不像孙悟空那么叛逆,也不像猪八戒那样好吃懒做、贪恋女色,自他放弃妖怪的身份起,他就一心跟着唐僧,正直无私,任劳任怨,谨守佛门戒律。

沙僧在取经途中表现出合作、顺从与随和的态度,经常承担起调和与凝聚的任务,比如当互不服气的孙悟空、猪八戒二人发生争吵的时候,都是他出面调停,充当"和事佬"的角色。还比如,在路过号山,红孩儿两次变作红云想捉唐僧的时候,孙悟空一会儿将唐僧推下马,说是妖怪来了,一会儿又扶唐僧上马,说是妖怪路过。唐僧大怒,认为孙悟空在捉弄人,想要念紧箍咒,这时多亏了沙僧苦劝才罢。

在取经集团中,最不为人们注意的形象就是沙僧,他很少说话,给人的形象总是在挑着担子,在大家议论的时候,他也很少参与其中表达自己的观点。

但是他非常善解人意,为了和平甘愿自己吃苦,毫无怨言,能够团结团队,是团队最忠诚的队友。这就是典型的和平型人。

## 和平型客户需要你的引导

和平型客户因为在购买东西的时候总是表现出犹豫不决,很容易被别人的思想左右,所以,销售人员可以充当他的主心骨,帮助他出主意。首先,让我们先来看一个案例。

一位老大爷来到一家药店,走到咳嗽用药货架前研究了半天,他看了好长一段时间,经过再三比较后,最终拿了几样比较"顺眼"的药品,又拿在手中仔细看了一下,便走向店员,询问这其中哪种药效果会更好。

这时候,一名店员发现其中有一种是公司规定的主要推荐品种,便机灵地指着说:"这种不错。"

老大爷半信半疑地说:"我看这种最近广告打得挺好,而且是某某明星代言的,效果应该也不错吧。"

店员灵机一动,立即附和道:"是的,这个也是非常好的药!"

老大爷又指着手中的另外一种牌子的药,对那位店员说:"这个是止咳糖浆,服用起来挺方便的,而且还是老牌子,应该也可以的。"

店员立刻点头回答说:"确实是老牌子,非常有疗效。"

老大爷心中也没有一个主意,本来是想咨询一下店员,让店员帮着出一个主意,但是他接二连三的提问都没有得到自己想要的答案。最后,老大爷也失去了选择的能力,只好放下药品对店员说:"等医生开了药方我再来买吧……"

我们对这个案例分析一下：这位老大爷在购买商品的时候心理不稳定，没有主见，很容易接受别人意见以及受广告宣传的左右，行动谨慎，选择比较缓慢，在听了这个药店店员意见的时候显得小心谨慎。

客户有时可能因为犹豫不决而中断购买行为，原因是想买又不知道哪个是最好的。在这个时候，如果销售人员一味地"附和"，就会弄巧成拙。其实，老大爷是想让销售人员参与其中，帮他做个"参谋"。但是，销售人员却没有真正地为客户着想，没有注意到客户的想法，结果自己搞砸了这笔交易。其实这名销售人员只要稍加指点，这笔生意就很容易成交了。

比如销售人员可以这样说：

老大爷走到店员前，询问那种药品好。

一名店员发现其中有一种是公司目前推荐产品，便指着那件产品说："这种不错。"

老大爷半信半疑地说："我看这种最近广告打得挺好，而且是某某明星代言的，效果应该也不错吧。"

店员随即说道："是的，这个也是非常好的药，但是，这种药属于西药，副作用要大一些，对于老年人不太适合！"

老大爷又指着手中的另外一种牌子的药，对那位店员说："这个是止咳糖浆，服用起来挺方便的，而且还是老牌子，应该也可以的。"

店员立刻点头回答说："嗯，这个是老牌子了，并且他采用的是全中药成分，对人的身体伤害非常小，但是，药效也非常缓慢。大爷，您就买我刚才给您推荐的这瓶吧，这是采用的中西结合疗法，这种药副作用小、疗效快，是我们这里的主打产品，现在销售情况非常好。"

如果这样一说，我们可以肯定老大爷一定会选购这种药品了，因为他已经有很强的购买意愿了，只是因为自己无法决定哪个更好，销售人员只要稍加指点，就可以了。

和平型客户都非常和善，很信任别人，所以，当他选购商品的时候，你主动去帮助他挑选商品，他并不会怀疑你的动机。当然，销售人员要根据他的喜好选择最适合他的产品，千万不要把他当傻瓜，他并不是没自己的想法，只是因为想法太多，一时间不知道该先满足自己哪个需求而已。所以，你只要帮助他把需求排一下顺序，让他知道哪个需求是最重要的就可以了。

比如，某名和平型客户来到服装店里，看到店里的衣服都很漂亮，感觉都非常好，一时之间不知道该选择哪一件了。这个时候，销售人员就可以上前询问一下，比如问他："您想买这件衣服在什么时候穿？"然后再根据客户的回答，找到最适合他的产品。当然，还可以告诉他哪种颜色比较适合哪些场合，适合哪个时间段，通常都搭配什么衣服。这样，通过你周全的介绍，就容易使和平型客户了解到自己买衣服的目的是什么，否则，即便他们刚进店的时候还打定主意要买什么样的衣服，但是一旦进入店里，看到每件衣服上都有自己需要的那一点，就忘记了自己买衣服的初衷，就会变得犹豫不决，最后可能因为一时难以决断而放弃购买。

总之，销售人员在和平型客户面前要表现得主动一些，要站稳立场，事先确定卖哪件产品，然后再引导他把注意力集中到这件产品中，让他发现这件产品是最适合他的。

## 对和平型客户更要表示尊重

和平型的人从小就感受到不被人重视，这种感觉一直会伴随他们左右，因此会产生很强的自卑感。当他们要选购某件产品的时候，他们就会感觉自己选的每件产品都不是最适合自己的，哪件都不好，就会想到购买产品后可能得不到大家的认同，或者遭到他人的讥笑。他们想得越多越会觉得自己选购的产品不好，就越容易放弃购买。最终，他们会忘记自己最初喜欢这种产品时的喜悦，而断言自己真的不喜欢这种产品，于是放弃购买。这时候，如果销售人员能够让客户感觉自己受到了尊重，就会唤醒他的内心需求，进而鼓励他、促使他产生购买行为。让我们看一下这个案例。

王老汉的儿子要结婚，儿子在外地工作很忙，于是就叫王老汉到镇上订购婚宴上的烟酒用品等。当王老汉来到镇上刚开的一家烟酒专卖店打听烟酒价格时，店主小罗看到老汉穿得土里土气，于是就爱理不理。王老汉在店里转悠了老半天，问这问那，好像也没有购买的意思，于是小罗就断定老人纯属是来穷开心，不会有做生意的诚意，三言两语就把老汉给打发走了。而王老汉到小罗对面的烟酒零售店时，对面的店老板非常热情地接待了他，又是倒茶又是递烟，又陪他唠嗑聊天，然后让他看各种产品，并且介绍了什么产品适合什么样的场合，帮他拿主意。结果第二天，王老汉一次性在这家店里订了近一万多元的烟酒，并且还许诺婚宴上的糖果也一并请这家店代劳。

这家店老板正是因为能够尊重客户，所以才得到了这样一笔大生意。而对门的小罗事后才知道，王老汉的儿子在一个外资企业做部门主管，这次婚宴上用的都是高档烟酒。

从中我们可以体会到，作为销售人员要尊重每一个到来的客户，这样才能抓住更多的生意。尤其是当销售人员遇到了做事拖拉的和平型客户，更应该表达自己对他的尊重，这样才能促使对方购买。销售人员遇到和平型客户的时候还可以围绕他关心的事，如家庭、朋友之事交谈，用轻松的方式多赞美，多用鼓励性语言表示对客户的尊重，进而推动他购买。我们看下边一个案例。

一对母女正在商店里挑选保健品，销售人员为她们介绍了5种保健品，对每一种产品，客户都会客气地点头说好，但左好右好，她们总是拿不定主意，又挑选、比较了半天，最后女儿终于为母亲挑

九型人格销售经

了一款"冬虫夏草"保健品。女儿正想要去结账,这时候,母亲又犹豫起来了。

母亲:"闺女,不要了,这种产品实在太贵了,一盒要200多块钱呢!这些钱够我买两个星期的菜了。"

母亲这样一推托,女儿也有些犹豫了,销售人员看到这种情况,便微笑着走上前去。

销售人员说:"阿姨,您真是有福气!看您的女儿多么孝顺,别人大多是自己来商场购买一些保健品的,他们选择产品的时候,根本不怎么仔细看,见到哪个包装自己比较喜欢,就选择哪件产品,也不知道是不是适合父母吃。您的闺女就不一样了,还亲自带您来精心挑选产品!阿姨,真羡慕您啊!"(销售人员不失时机地加上几句中肯的赞美之言,暗暗地推动鼓励客户,一推一鼓励,帮助她拿定主意,做出购买决定。)

紧接着,销售人员又转向她的女儿,补上一句:"姑娘,您真是孝顺,也很有眼光,冬虫夏草有'补肾益肺'的功能,老年人喝了能强身健体!(销售人员在赞美中再次暗暗推动鼓励,二推二鼓励。)

然后他又转向这位母亲,关心地问道:"阿姨,您还怀疑什么呢?还有哪里不合适吗?"(这样一个亲切的询问,表达了对这位母亲的尊重,她感觉到被尊重,行为和思考就会不由地变得主动些。)

母亲:"东西是不错,可是我就是感觉价格高了点。"(语气不再坚定,信心开始动摇。)

销售人员:"阿姨,女儿有这份孝心,您就给她一次机会,成全女儿的孝心吧!否则女儿也会难过的!"(三推三鼓励)

母亲:"你真会说话,那就买吧,时间不早了,我们来超市都一个多小时了,赶紧回去吧!"

销售人员:"好的,我拿一个礼品袋给您装上。姑娘,您对您妈这么好!我加送你们一盒赠品吧!"(微笑,再顺势送上本来就配备有的小礼品。)

可见,这名销售人员非常聪明,他发现了和平型客户犹豫多、决策慢、优柔寡断的性格特点,进而找到了促使他们购买产品的好方法,就是用尊重的态度和鼓励性的语言,推动他们尽快下决定。并且,销售人员还发现了购买产品的决定权在母亲手里,所以,集中精力去鼓励母亲做决定,然后再对女儿进行鼓励推动,语言层次非常分明。另外,这名销售人员在赠送礼品的时候,也非常有技巧。我们试想一下,如果在一开场他就拿"买我们产品还有赠品加送"来吸引客户,一方面不仅不会从根本上激发客户的购买欲望,另一方如果面对赠品的"加赠"价值没有挖掘到位,客户自然不会珍惜。而销售人员在客户购买之后再说"加送赠品",则会使客户觉得物超所值。这样,客户不仅迅速做出了购买决定,还满意而归,如此,还很容易为店家拉拢回头客。

# 操之过急，是应对和平型客户的大忌

任何客户都不喜欢被销售人员逼着买产品，和平型客户也是这样。和平型客户和气，友善，非常容易沟通，能够迎合销售人员的意见，同时，他们也决策慢，常常优柔寡断。但是，如果他们下定不买的决心，也会顽固到底。如果销售人员一再催促他们做决定，他们就可能因为对销售人员的不满而采取沉默式的反抗，坚决不购买产品。

销售人员去拜访客户时，应该先做一名专心、专注的倾听者，学会正确判断什么时候自己需要专注倾听、什么时候自己才应该说该说的一些话。在与客户的面谈中，销售人员一般不能立即要对方表态，更不能拿着协议要求对方马上签字。尤其是看到要做决定却非常犯难的和平型，更不能逼迫他们。这样做的结果常常会使和平型客户感觉压力很大，他们就可能选择逃避，或者因为不满销售人员的行为而选择放弃。结果，销售人员不仅达不到目的，还会失去与对方继续面谈的机会。

和平型客户很容易受到他人的影响，只要销售人员能够沉得住气，一点一点地影响他们，他们就会很容易受到销售人员的引导购买产品了。销售产品应该有耐心，可以把销售行为当成是钓鱼，冷静客观地分析情况，根据不同的对象分别对待才是聪明的做法。客户有时候需要仔细地思考，认真地对比，深入地权衡才会做出最后的决定。尤其是和平型客户，更是需要很长时间的思考、比较才能做出最后的决定。所以，销售人员要给客户思考的时间，不要反复催促，以免引起客户的反感。最合适的做法是，调节自己的情绪，以稳重的姿态来赢得客户的信赖。

当然，钓鱼就意味着销售人员需要花很长的时间才能做好一件事，但如果逐渐懂得了钓鱼的技巧，找到适合客户的鱼饵，就会成功钓上鱼来。销售人员在和客户交谈时，要仔细询问客户心中担心的问题或已经存在烦恼的问题，然后针对这些问题专门用点时间，用钓鱼的耐心围绕着客户的问题，用自己最热心、最专注、最诚恳的一面，想方设法帮助客户解决他所担心的问题。当客户心中的种种疑问都解除了，客户自然就会购买产品了。当然，有时候和平型客户不知道自己是否需要某种产品，或者不知道自己喜欢产品中的哪种，这时候，销售人员可以耐心地进行询问，通过不断地提问题，让他们明确自己真正想要的是什么。当然，销售人员可以引导或者帮助客户出主意，和平型人会很容易接受建议，快速作出购买决定。

当然，如果是上门销售，就可以多次拜访，和客户建立长期友好关系。常言道：一回生二回熟，时间一长，彼此都建立了友谊关系，客户自然就购买产品了。

# 抓住和平型客户的从众心理

和平型人的从众心理非常强,他们对外界的控制力比较弱,对自我控制力也非常弱,缺乏自己的主见,喜欢随大流,对他人的参考建议的依赖性较强,易受亲朋好友言行的影响和广告宣传的左右。他们总是认为既然多数人都已经购买某件产品了,那么,自己也该购买一件。有时,当少数人购买某件产品的时候,他们还有些看不惯,但最终抵挡不住浩浩荡荡的潮流并加入其中。他们更容易受到大众的影响。比如,前些年非常流行的健美裤就是典型的例子,看到大家都穿这种裤子,一些从众心强的人自然就会接受这种裤子。

和平型人不喜欢特立独行,不喜欢被人关注,他们一味地追求和周围的人相同。所以,销售人员要推荐某产品的时候,可以让他多接触使用该产品的人,然后他们自然会受到影响,进而产生购买行为。

俗话说"解铃还须系铃人",销售人员应该认识到和平型客户的"系铃人"就是他周围的人、同事、亲友等。这类客户希望自己做决定,但是同时又特别在意周围人的反应,如果周围的人倾向于同意他的购买决定,他就较容易做出购买产品的决定。所以,销售人员要尽量善待客户周围的人,走"群众路线",使他们站在有利于自己的立场上,这样就在客户周围形成了一个促进购买的氛围。

在这种状况下，客户会感觉自己的行为得到了大家的认可，能够为大家所接受，就很容易买下商品。

当然，如果和平型人自己单独购买产品，销售人员就应该更多地强调产品的大众化，强调很多人购买这件产品的原因，这样，他就会愿意购买。

在网络销售中，和平型买家有一个鲜明的特点，就是特别喜欢猜度别人的想法。他们不仅关心商品本身，还关心有多少买家买了这个商品，关心别人对这个商品是怎么看的。某购物网站还推出了"人气商品""聚宝盆"等，让每个人都能看见别人公开的收藏夹。这些都满足了和平型人喜欢从众的心理。因为这类买家非常在意周围人对商品的评价，所以他们的购买行为常受他人意见的左右。比如在某购物平台，以前带有"瑞丽"字样的衣服非常好卖；该平台还提供了一个功能，可以看到别的买家在看某件商品的同时还看过什么商品，这些都是根据买家从众心理而创造出来的。

既然这类买家的购买决定容易受到外部的影响，那么网络商家就要用积极的态度，给予买家强有力的正面暗示，并且，遇到这种客户，网络商家不仅可以尽量显示商品的功能、广告宣传，而且也可以把商品销售以来别人的好评展示出来。另外，有的网购平台还有"超级买家秀"，很多店铺专门把"超级买家秀"作为一个页面展示出来，就是在增强买家的信心，同时也能起到很好的口碑相传的效果。由此可见，销售人员可以充分利用客户的从众心理，开展销售。

如果面对的客户是上门销售,销售人员可以准备一些产品的销售记录,让客户看到该产品已经有很多人购买;或者带着客户去公司里观看他们在某些地方销售时的场景,这样,客户看到有这么多人购买这件产品就会心动,就会在心里暗示这件产品真的很好,于是便会更加快速地作出购买决定。

总之,销售人员只要抓住客户的从众心理,往往能收到意想不到的销售效果。

## 有意识地帮客户做减法

和平型客户非常不愿意作出选择,他们的大脑里有很多想法,看到哪件产品都能发现优点,一时之间很难作出购买决定,他们感觉每件产品都值得买。所以,当销售人员遇到和平型客户的时,不要一次把很多的产品特别是类似的产品都展示出来,这会增加和平型客户做决定的难度。

比如,一位和平型客户要购买一部手机,销售人员热情地拿出很多种机型,全部摆在客户的眼前。

和平型客户看到这么多的产品,翻翻这个,瞧瞧那个,不知道该先看哪一种,于是他把目光投向了销售人员,微笑地说:"这么多产品，我一时都不知道该选择哪个了，你能帮我详细介绍一下这些产品吗？"

销售人员于是便很耐心地帮他介绍了每种手机的不同款式和功能，以及各自的特色，就这样介绍了有半个小时的时间。

销售人员说得口干舌燥，而客户脸上还满是疑惑，他又翻了翻这些产品，然后表示歉疚地低声说："真是麻烦你了，我看哪个都挺好看的，其中有一半都是适合我的，但是，我一时还不知道哪一个是最适合我的，所以我还是考虑考虑再来买吧，谢谢你了。"

销售人员的表现非常周到、细心，如果换作一般的客户，听了他的详细介绍，会非常清楚自己想要选择哪件产品，很快作出购买决定，但对于很难做决定的和平型客户来说，这样详细、周到的服务却起到了相反的作用。他们能接受每件产品上的优点和缺点，感觉哪件产品都很适合自己，最后，反倒不知道自己真正的需求是什么了。

成功的销售人员在面对和平型客户的时候，会以这样的方式介绍产品。

一位和平型客户要购买一部手机，销售人员热情地问："您对购买的手机有什么特殊功能上的要求吗？"

客户："没有什么要求，只要能接打电话就可以了。"（和平型提出的要求通常都是最低的。）

销售人员拿出三款机型摆在客户的眼前。

和平型客户看到这三款产品,翻翻这个,瞧瞧那个,不知道该先看哪一种,于是把目光投向了销售人员,微笑地说:"这三部手机中,不知道哪部手机更适合我,您能帮我详细介绍一下这三部手机吗?"(两部手机显少,三部手机正好。)

销售人员:"这三款机子是我们这里卖得最好的机型,它们都各有优点,比如这款机子功能非常全,是现在最为流行的机子,款式新颖,人见人爱,当然价格也有些贵。"(然后停顿了一下,等待客户说出自己的想法。)

客户说:"我只想买一个普通的机子就行,平时我也不爱玩手机上的东西。(客户进一步明确了对产品的要求。)

销售人员:"哦,那么这两款的机子都是非常实用的,这款机子的质量非常好,机型厚,不容易摔坏,样子也是现在最流行的,但是,价格相对要贵一点。还有这一款机子,这款机子非常实用,是国产大牌,虽然样子很普通,但是价格也便宜,也同样非常抗摔。不知道先生您是做什么行业的,是否对品牌有什么要求?"

客户:"我是个教师,不在意牌子是什么,只要机子实用就行,其他的没有什么要求。"

销售人员:"那您就买这款国产的机子吧,我们现在还正在搞活动呢,现在买还可以赠送您一张200元的购物券,您买这个真是超值了。"

客户非常高兴,迅速购买了产品,满意地走出了营业大厅。

这名销售人员之所以成功销售，有以下几方面的因素，让我们逐一分析。

在刚开始介绍产品的时候，销售人员给客户营造了一个轻松的氛围。比如，邀请他去会客厅，让他没有任何干扰地选择产品，这会让和平型客户心情平静和轻松下来。

紧接着，销售人员不失时机地询问客户对产品的要求，但是客户提出了一个非常低的要求。根据这个模糊的要求，销售人员精心选择了三款最流行的机子拿给客户看。当客户看到机子的数量只有三款的时候，他会感觉很容易选择，自然会在心里感觉到舒适，逐渐放松心情。

接着，销售人员在介绍产品的时候适当地使用提问或者停顿的方式，让客户提出自己的要求，当销售人员进一步确定了客户的需要的时候，又详细地介绍了另两款机子的优缺点，然后建议客户购买其中哪部手机更合适，这样就在很大程度上避免了让客户进行更多的选择。当客户接受了销售人员的建议后，销售人员又不失时机地把产品搞活动的消息告诉给客户，这就会让客户心中产生物超所值的感觉，然后就非常开心地选购了产品。

通过以上案例我们可以发现，面对和平型客户，销售人员要懂得减量法，让他们规避更多因为选择带来的麻烦，这样客户就能轻松而迅速地作出决定，销售人员也会大大提高销售成功率。这种方法不失为一种有效的销售策略，销售人员应该熟练地掌握。

# 后 记

或许你一听到"人分九种""性格有九种类型"等话，你的第一反应："嘿，世界上有70亿人，单凭九种类型，又怎能概括一切人的特性呢？"

世界上任何对知识的分类都是以简驭繁的，因而都是高度概括的。也就是说，无论分类多么精确、仔细，总有无法穷尽概括的漏网之鱼，不单九型人格如此，就是科学上的归类系统亦不敢贸然宣称其归纳结果是永远有效的。而且，九型人格的原意也不是要将不同性格的人概括为单一的面貌，我们每个人都是独一无二、内涵丰富的个体，每个人的经验、记忆、抱负、响应世界的具体方式，都是不可被他人取代的。

九型人格并不是说同类人之间，对同一件事必然有完全一致的实际反应，甚至会说出同一句话。事实上，这套学说还是十分尊重我们每个人的个性的，而且容许这些林林总总的反应上的具体差别，正是其学说的前提之一。那么，我们凭什么说"九型学说"这种人格分类法蕴含高度的有效性、精确性，而且寓意深远呢？这是

## 后 记

因为，它直截了当地捕捉了人类心理中最普遍、最常见的理解和阅读外在世界的基本方式，而这些不同的方式，一共可以划分为九种，它们全部出于我们儿时已形成的自我保护的特殊方式，以使自己能安然面对世界。而在我们逐渐成长的过程中，这些理解世界的方式便慢慢塑造了不同类型的人格，乃至成为该型人格面向世界时最根本的驱动力。

九型人格的厉害之处，不是从人的外在表现归纳出不同的人格类型，而是走进我们每个人的灵魂深处，捉摸其响应外界的原始状态，并发现无论我们成长后的外在形态如何，推动我们面向世界、诠释我们所见所闻的，原来都是出于九种最深层而基本的"理性"。

因此，九型人格是一门关于我们如何处理和界定自己与世界（包括人与事）关系的学问。所谓九种人格，其实即出于九种处理、规定自己与世界的不同指向，也就是说，我们每个人从儿时开始就不知不觉地戴了一副由特殊驱动力制成的有色眼镜来观看世界，它们长年累月地隐身在意识层面的觉察之下，除非有人特意提示，否则我们将不会知道，原来自己平日的一言一行都受到这副眼镜的无形左右。因此，九型人格不仅是我们了解他人的钥匙，也是我们探索自身的一面宝贵镜子。